PETITE CONVERSATION EN

Espagnol

Petite conversation en *Espagnol 2*
Traduit de l'ouvrage *Fast Talk Spanish, 1st edition – May 2004*
© Lonely Planet Publications Pty Ltd 2009

place
des
éditeurs

Traduction française : © Lonely Planet 2009,
12 avenue d'Italie, 75627 Paris cedex 13
☎ 01 44 16 05 00
🖵 bip@lonelyplanet.fr
🖵 www.lonelyplanet.fr

Responsable éditorial : Didier Férat
Coordination éditoriale : Cécile Bertolissio
Coordination graphique : Jean-Noël Doan
Traduction : Frédérique Hélion-Guerrini • **Adaptation :** Émilie Esnaud
Maquette : Marie-Thérèse Gomez

Dépôt légal
Février 2009
ISBN 978-2-84070-825-4

texte © Lonely Planet Publications Pty Ltd 2004

Photographie de couverture
Casa Mila, © Rene Mattes/Mauritius Images

Imprimé en France par E.M.D.- N° dossier : 20388

CONVERSATION — 6

VISITES — 13

SHOPPING — 20

SORTIES — 25

RESTAURANT — 27

SOMMAIRE

3

SOMMAIRE

Nom de la langue : espagnol

Les hispanophones appellent leur langue soit l'*español*, es·pa·*nyol*, soit le *castellano*, kas·te·*lya*·no.

Famille linguistique : langue romane

L'espagnol appartient à la famille des langues romanes et s'apparente à ce titre à l'italien, au portugais et, dans une moindre mesure, au français et au roumain.

Pays de diffusion :

L'espagnol est parlé non seulement en Espagne, mais aussi dans la plupart des pays d'Amérique latine, aux Antilles, aux Philippines, à Guam et dans certaines parties de l'Afrique, ainsi qu'aux États-Unis. C'est l'une des langues les plus pratiquées au monde.

Nombre de locuteurs :

Il existe dans le monde quelque 390 millions d'hispanophones.

Emprunts du français à l'espagnol :

On retrouve en français de nombreux mots dérivés de l'espagnol comme alligator, canyon, guérilla ou chocolat, dont beaucoup proviennent à l'origine des langues indiennes d'Amérique latine.

Grammaire :

La syntaxe de l'espagnol est proche de celle du français.

Prononciation :

La plupart des sons de l'espagnol existent en français, à l'exception du "r" roulé et de la "jota".

Abbréviations utilisées dans ce guide :

m	masculin	sg	singulier	pol	politesse
f	féminin	pl	pluriel	fam	familier

CONVERSATION

Premier contact

Bonjour/Salut.	¡Hola!	o·la
Bonjour (le matin)	Buenos días.	bwé·nos di·yas
(l'après-midi, jusqu'à 20h).	Buenas tardes.	bwé·nas tar·dés
Bonsoir/Bonne nuit.	Buenas noches.	bwé·nas no·tchés
À plus tard.	Hasta luego.	as·ta lwé·go
Au revoir.	¡Adiós!	a·dyos
Comment allez-vous/ vas-tu ?	¿Cómo está(s)? pol/fam	ko·mo és·ta(s)
Bien, merci.	Bien, gracias.	byén gra·Syas
Monsieur	Señor/Don pol	sé·nyor/donn
Madame	Señora/Doña pol	sé·nyo·ra/do·nya
Mademoiselle	Señorita	sé·nyo·ri·ta

Basiques

Oui.	Sí.	si
Non.	No.	no
S'il vous plaît.	Por favor.	por fa·bor
Merci (beaucoup).	(Muchas) Gracias.	(mou·tchas) gra·Syas
De rien.	De nada.	dé na·da
Pardon.	Perdón/Discúlpeme.	pér·donn/dis·koul·pé mé
Excuse(z)-moi. (pour s'excuser ou attirer l'attention)	Lo siento.	lo syén·to

Comment t'appelles-tu/vous appelez-vous ?
¿Cómo se llama usted? pol — ko·mo sé *lya*·ma ous·*té*
¿Cómo te llamas? fam — *ko*·mo té *lya*·mas

Je m'appelle...
Me llamo ... — mé *lya*·mo ...

J'aimerais vous/te présenter...
Quisiera presentarle/te — ki·*syé*·ra pré·*sén*·*tar*·lé/té
a ... pol/fam — a ...

Enchanté.   *Mucho gusto.*   *mou*·tcho *gous*·to

J'ai été enchanté de vous/te connaître.
Me ha encantado — mé a én·kann·*ta*·do
conocerle/te. pol/fam — ko·no·*sér*·lé/té

C'est mon/ma...	*Éste/a es mi ...* m/f	és·te/a és mi ...
fils/fille	*hijo/a* m/f	*i*·Rho/a
collègue	*colega* m/f	ko·*lé*·ga
ami/amie	*amigo/a* m/f	a·*mi*·go/a
mari/femme	*marido/mujer* m	ma·*ri*·do/mou·*Rhér*
compagnon/compagne	*pareja* m/f	pa·*ré*·Rha

Je suis ici...	*Estoy aquí ...*	és·*toy* a·ki ...
en vacances	*de vacaciones*	dé ba·ka·*Syo*·nés
en voyage	*en viaje de*	én *bya*·Rhé dé
d'affaires	*negocios*	né·*go*·Syos
pour étudier	*estudiando*	és·tou·*dyann*·do
avec ma famille	*con mi familia*	konn mi fa·*mi*·lya
avec mon compagnon/ ma compagne	*con mi pareja*	konn mi pa·*ré*·Rha

Combien de temps restez-vous/restes-tu ?
¿Cuánto tiempo se (te) — kwann·to *tyém*·po sé (té)
va(s) a quedar? pol/fam — ba(s) a ké·*dar*

Je suis ici pour	Estoy aquí por	és·toy a·ki por
... jours	... días	...di·yas
... semaines	... semanas	...sé·ma·nas

Pour les chiffres et les nombres, reportez-vous p. 67.

Voici mon...	Ésta es mi ...	és·ta és mi ...
Quel est votre/ton... ?	¿Cuál es su/tu...? pol/fam	kwal és sou/tou ...
adresse	dirección	di·rék·Syonn
(e-mail)	de email	(dé i·méyl)
numéro de fax	número de fax	nou·mé·ro dé faks
numéro de	número de	nou·méro dé
téléphone	teléfono	té·lé·fo·no
numéro de	número de	nou·mé·ro dé
portable	móvil/celular	mo·bil/sé·lou·lar
numéro	número de	nou·mé·ro dé
professionnel	teléfono en el	té·lé·fo·no en él
	trabajo	tra·ba·Rho

Se faire comprendre

Je parle un peu espagnol.
Hablo un poco de español.   a·blo oun po·ko de es·pa·nyol

Vous parlez/Tu parles français ?
¿Habla(s) francès? pol/fam   a·bla (as) frann·Sés

Quelqu'un parle-t-il français ?
¿Hay alguien que hable francès?   ay al·gyen ké a·blé frann·Sés

Vous me comprenez/Tu me comprends ?
¿Me entiende(es)? pol/fam   mé énn·tyénn·dé(dés)

Je (ne) comprends (pas).
(No) Entiendo.   (no) énn·tyénn·do

8

Comment se prononce ce mot ?
¿Cómo se pronuncia esta palabra?
ko·mo sé pro·*noun*·Sya és·ta pa·*la*·bra

Comment s'écrit "ciudad" ?
¿Cómo se escribe "ciudad"?
ko·mo sé és·kri·bé Syou·*da*

Que signifie... ?
¿Qué significa ...?
ke sig·ni·*fi*·ka

Pouvez-vous répéter ?
¿Puede repetir?
poué·dé ré·pé·tir

Pourriez-vous, s'il vous plaît... ?
¿Puede ..., por favor?
poué·dé... por *fa*·bor

répéter	*repetir*	ré *pé* tir
parler plus	*hablar más*	a·*blar* mas
doucement	*despacio*	dés·*pa*·Syo
l'écrire	*escribirlo*	es·kri·*bir*·lo

À propos de vous

De quelle nationalité êtes-vous/es-tu ?
¿De dónde es/eres? pol/inf
dé *donn*·dé és/é·rés

Je suis...
Soy de ...
soy dé ...

français(e)	*de Francia*	dé *frann*·Sya
belge	*de Bélgica*	dé *bél*·Rhi·ka
suisse	*de Suiza*	dé *soui*·sa
canadien(ne)	*del Canadá*	dél ka·na·*da*

Je suis...
Estoy ...
és·*toy* ...

marié(e)	*casado/a* m/f	ka·*sa*·do/a
séparé(e)	*separado/a* m/f	sé·pa·*ra*·do/a
divorcé(e)	*divorciado/a* m/f	di·bor·*Sya*·do/a

Je suis célibataire.
Soy soltero/a. m/f
soy sol·*té*·ro/a

Études et professions

Que faites-vous/fais-tu dans la vie ?

¿A qué se/te dedica(s)? pol/fam   a *ké* sé/té dé·*di*·ka(s)

Je suis…	*Soy …*	soy …
architecte	*arquitecto/a* m/f	ar·ki·*ték*·to/a
professeur	*profesor/*	pro·fé·*sor*/
	profesora m/f	pro·fé·*so*·ra
mécanicien(ne)	*mecánico/a* m/f	mé·*ka*·ni·ko/a
écrivain	*escritor/*	és·kri·*tor*/
	escritora m/f	és·kri·*to*·ra

Je travaille dans…	*Trabajo en …*	tra·*ba*·Rho én …
l'enseignement	*enseñanza*	én·sé·*nyann*·Sa
l'hôtellerie	*hostelería*	os·té·lé·*ri*·ya
la communication	*comunicaciones*	co·mou·ni·ka·Syo·nés

Je suis…	*Estoy …*	és·*toy* …
à la retraite	*jubilado/a* m/f	Rhou·bi·*la*·do/a
au chômage	*en el paro*	én él *pa*·ro

Je fais des études…	*Estudio …*	és·*tou*·dyo …
de commerce	*comercio*	ko·*mér*·Syo
scientifiques	*ciencias*	syén·syas
de langues	*idiomas*	i·*dyo*·mas

Qu'est-ce que vous étudiez/tu étudies ?

¿Qué estudia/estudias? pol/fam   ké és·*tou*·dya/és·*tou*·dyas

Concernant d'autres professions, consultez le **dictionnaire**, p. 70.

Âge

Quel âge... ?	¿Cuántos años ...?	kwann·tos a·nyos ...
avez-vous/as-tu	tiene/tienes pol/fam	tyé·né/tyé·nés
a votre/ta fille	tiene su/tu hija pol/fam	tyé·né sou/tou i·Rha
a votre/ton	tiene su/tu	tyé·né sou/tou
fils	hijo pol/fam	i·Rho

| J'ai ... ans. | Tengo ... años. | tén·go ... a·nyos |
| Il/Elle a ... ans | Él/Ella tiene ... años. | él/é·lya tyé·né ... a·nyos |

Pour en savoir plus, voir la rubrique **Chiffres** p. 67.

Sentiments et sensations

J'ai...	Tengo...	tén·go...
Je n'ai pas...	No tengo...	no tén·go...

Avez-vous/As-tu... ?	¿Tiene(s)...? pol/fam	tyé·né(s)...
froid	frío	fri·o
chaud	calor	ka·lor
faim	hambre	amm·bré
soif	sed	sé

Je suis...	Estoy ...	és·toy ...
Je ne suis pas...	No estoy ...	no és·toy...
Êtes-vous/Es-tu... ?	¿Está(s) ...? pol/fam	és·ta(s)...
en colère	enojado/a m/f	é·no·Rha·do/a
embarrassé(e)	avergonzado/a m/f	a·bér·gonn·sa·do/a
fatigué(e)	cansado/a m/f	kann·sa·do/a

Je me sens...	Me siento...	mé syen·to...
bien	bien	byén
mal	mal	mal

11

Croyances

Je (ne) suis (pas)...	(No) Soy ...	(no) soy ...
agnostique	agnóstico/a m/f	ag·nos·ti·ko/a
athée	ateo/a m/f	a·té·o/a
bouddhiste	budista	bou·dis·ta
catholique	católico/a m/f	ka·to·li·ko/a
chrétien(ne)	cristiano/a m/f	kris·tya·no/a
croyant(e)	religioso/a m/f	ré·li·Rhyo·so/a
hindouiste	hindú	inn·dou
juif/juive	judío/a m/f	Rhou·di·yo/a
musulman(e)	musulman/	mou·soul·mann/
	musulmana m/f	mou·soul·ma·na
pratiquant(e)	practicante	prak·ti·kann·té

Climat

Quel temps fait-il ?
¿Qué tiempo hace? ké *tyém*·po a·Sé

(Aujourd'hui) Il pleut.
(Hoy) Está lloviendo. (oy) és·ta *lyo*·biénn·do

(Aujourd'hui) Il neige.
(Hoy) Nieva. (oy) *nyé*·ba

Il fait un froid de canard.
Hace un frío que pela. a·Sé oun *fri*·yo ké *pé*·la

Aujourd'hui, il fait...	Hoy hace ...	oy a·Sé ...
Demain, il fera...	Mañana hará ...	ma·nya·na a·ra ...
froid	frío	fri·yo
chaud	calor	ka·lor
Il y a du soleil.	Hace sol	a·Sé sol
Il y a du vent.	Hace viento	a·Sé byén·to

VISITES
Sites touristiques

Avez-vous des informations sur des sites … à voir ?	*¿Tiene información sobre los lugares … de interés?*	tyé·né inn·for·ma·*Syonn* so·bré los lou·*ga*·rés … dé inn·té·*rés*
des environs	*locales*	lo·ka·lés
culturels	*culturales*	koul·tou·ra·lés

Pouvons-nous avoir un guide ?
¿Podemos alquilar un guía?
po·dé·mos al·ki·*lar* oun *gui*·ya

J'aimerais voir…
Me gustaría ver …
mé gous·ta·*ri*·ya bér …

Qu'est-ce que c'est ?
¿Qué es eso?
ké és é·so

Qui l'a fait ?
¿Quién lo hizo?
kyén lo i·*So*

Ça date de quand ?
¿De cuándo es?
dé *kwann*·do és

Je voudrais…	*Quisiera …*	ki·*syé*·ra …
un audioguide	*un equipo audio*	oun é·*ki*·po *aou*·dyo
un catalogue	*un catálogo*	oun ka·*ta*·lo·go
un guide (personne)	*un/una guía* m/f	oun/*ou*·na *gui*·ya
un guide touristique	*una guía turística*	*ou*·na *gui*·ya tou·*ris*·ti·ka
en français	*en francés*	én frann·*Sés*
une carte	*un mapa*	oun *ma*·pa
(des environs)	*(de la zona)*	(dé la *So*·na)

Pouvez-vous (peux-tu) me prendre en photo ?
¿Me puede/puedes sacar una foto? pol/inf
mé *pwé*·dé/*dés* sa·kar/ *ou*·na *fo*·to

13

Puis-je (vous/te) prendre en photo ?
¿(Le/Te) Puedo tomar fotos? pol/fam   (lé/té) *pwé*·do to mar *fo*·tos

Je vous/t'enverrai la photo.
Le/Te mandaré la foto. pol/fam   lé/té mann·da·*ré* la *fo*·to

Galeries et musées

À quelle heure   *¿A qué hora*   a ké *o*·ra
ouvre… ?   *abre…?*   a·*bré*…
  la galerie   *la galería*   la ga·lé·*ri*·ya
  le musée   *el museo*   él mou·*sé*·o

Qu'y a-t-il dans la collection ?
¿Qué hay en la colección?   ké ay én la ko·lék·*Syonn*

Vous êtes/Tu es intéressé par quel genre d'art ?
¿Qué tipo de arte le/te   ké *ti*·po dé *ar*·té lé/té
interesa? pol/fam   inn·té·*ré*·sa

Je m'intéresse à…   *Me interesa…*   mé inn·té·*ré*·sa…

Que pensez-vous/penses-tu de… ?
¿Qué piensa/piensas de …? pol/fam   ké *pyén*·sa/*pyén*·sas dé …

C'est une exposition de…
Es una exposición de …   ay ou·na ék·spo·si·*syonn* dé …

J'aime l'œuvre/les œuvres de…
Me gusta(n)   mé *gous*·ta(n)
la(s) obra(s) de… sg/pl   la(s) *o*·bra(s) dé …

Cela me rappelle…
Me recuerda a…   mé ré·*kwér*·da a …

Art…   *Arte …*   *ar*·té …
  graphique   *gráfico*   *gra*·fi·ko
  impressionniste   *impresionista*   imm·pré·syo·*nis*·ta
  moderne   *modernista*   mo·der·*nis*·ta
  de la Renaissance *renacentista*   ré·na·sén·*tis*·ta

Billetterie

À quelle heure ouvre (le magasin) ?
¿A qué hora abre la tienda?   a ké *o·*ra *a·*bré la *tiénn·*da

À quelle heure ferme (le magasin) ?
¿A qué hora cierra la tienda?   a ké *o·*ra *Syé·*ra la *tiénn·*da

Quel est le prix de l'entrée ?
¿Cuánto cuesta la entrada?   *kwann·*to *kwés·*ta la én*·tra·*da

Ça coûte (7 euros).
Cuesta (siete euros).   *kwés·*ta (syé·té é·ou·ros)

Y a-t-il des réductions pour… ?	*¿Hay descuentos para …?*	ay dés·*kwén·*tos *pa·*ra …
les enfants	*niños*	ni·nyos
les familles	*familias*	fa·*mi·*lyas
les groupes	*grupos*	grou·pos
les retraités	*jubilados*	Rhou·bi·*la·*dos
les enseignants	*profesores*	pro·fé·so·rés
les étudiants	*estudiantes*	és·tou·*dyann·*tés

Visites guidées

Pouvez-vous me recommander un(e)… ?	*¿Puede recomendarme algún(a) …? m/f*	pwé·dé ré·ko·mén·*dar* mé al·*goun* (a) …
promenade	*paseo*	pa·sé·o
en bateau	*en barca*	én *bar·*ka
excursion	*excursión f*	ék·skour·*Syonn*
circuit	*recorrido*	ré·ko·*rri·*do

Quand est prévu(e) le/la prochain(e)… ?	*¿Cuándo es el/la próximo/a …? m/f*	*kwann·*do és él/la *prok·*si·ma…
circuit	*recorrido m*	ré·ko·*rri·*do
excursion	*excursión f*	ék·skour·*Syonn*

Dois-je prendre	¿Necesito	né·Sé·si·to
... avec moi ?	llevar ...?	lyé·bar
... est-il/elle inclus(e) ?	¿Incluye ...?	inn·klou·yé ...
Le logement	el alojamiento	él a·lo·Rha·myén·to
Le droit	el precio	él pré·Syo
d'entrée	de entrada	dé énn·tra·da
L'équipement	el equipo	él é·ki·po
La nourriture	la comida	la ko·mi·da
Le transport	el transporte	él tranns·por·té
Un guide	un guía	oun gui·ya

Le guide va payer.
El guía va a pagar.
él gui·ya ba a pa·gar

Le guide a payé.
El guía ha pagado.
él gui·ya a pa·ga·do

Dois-je apporter mon (déjeuner) ?
¿Necesito llevar (el almuerzo)?
né·sé·si·to lyé·bar (él al·mwér·So)

Combien de temps dure le circuit ?
¿Cuánto dura el recorrido?
kwann·to dou·ra él ré·ko·rri·do

À quelle heure se retrouve-t-on ?
¿A qué hora nos juntamos?
a ké o·ra noss Rhounn·ta·moss

Revenez à (4h).
Vuelva a (las cuatro).
bwél·ba a (las kwa·tro)

Je suis avec eux.
Voy con ellos.
boy konn é·lyos

J'ai perdu mon groupe.
He perdido mi grupo.
é pér·di·do mi grou·po

Avez-vous vu un groupe de (Français).
¿Ha visto un grupo de (Franceses)?
a vis·to oun grou·po dé (frann·Sé·sés)

Le top 6 des excursions

Le rythme parfois trépidant de Barcelone et de Madrid peut devenir fatigant. Mieux vaut alors quitter l'environnement urbain pour explorer des lieux culturels plus tranquilles, propices à la détente.

Barcelone

Montserrat   monnt·sé·*rat*

Ce remarquable massif de pitons calcaires qui s'élève au-dessus de gorges profondes est également le cœur spirituel de la Catalogne. Chaque année, des milliers de fidèles se rendent en effet au monastère de Montserrat pour y vénérer la statue de la Moreneta (Vierge noire).

Sitges   sit·gés

Haut lieu du modernisme à la fin du XIXᵉ siècle, cette station balnéaire anticonformiste est devenue l'été le repaire des citadins branchés, de même qu'une scène gay d'envergure internationale.

Teatre-Museu Dalí   té·*a*·tré mou·*sé*·ou da·*li*

Situé à Figueres, lieu de naissance de Dalí, ce musée exprime, à travers son architecture et son contenu, l'extravagance d'une des imaginations artistiques les plus fertiles du XXᵉ siècle.

Madrid

Real Palacio de Aranjuez   ré·*al* pa·*la*·Syo dé a·*ran*·RhweS

Le riche palais royal d'Aranjuez (XVIIIᵉ siècle) et ses jardins soigneusement entretenus constituent une destination prisée le week-end.

San Lorenzo de El Escorial   san lo·*ren*·So dé él és·ko·*ryal*

Niché au pied de la sierra de Guadarrama, le magnifique Escurial (XVIᵉ siècle) se compose d'un immense monastère, d'un palais et d'un panthéon royal. On peut y admirer, entre autres chefs-d'œuvre artistiques, un crucifix de Benvenuto Cellini, ainsi que des peintures du Greco, du Titien, du Tintoret et de Jérôme Bosch.

Toledo   to·*lé*·do

Perchée sur une hauteur dominant un méandre du Tage, la superbe ville de Tolède recèle, dans son lacis de rues médiévales, des trésors d'architecture, notamment un alcazar (forteresse de l'époque musulmane) et une remarquable cathédrale gothique.

Le top 10 des sites

Il faudrait une vie entière pour faire le tour des merveilles d'art et d'architecture que comptent Barcelone et Madrid. Voici néanmoins quelques sites incontournables :

Barcelone

Fundación Joan Miró
foun·da·*Syon Rho*·an mi·*ro*

La plus vaste collection consacrée à Joan Miró occupe un splendide édifice dessiné par Josep Luís Sert, ami du peintre. L'association de la lumière naturelle, des murs blancs et des espaces aérés permet d'apprécier au mieux l'œuvre du grand artiste catalan.

La Sagrada Família
la sa·*gra*·da fa·*mi*·lya

Bien qu'inachevée, l'immense cathédrale hérissée de flèches conçue par Gaudí fait partie des emblèmes de Barcelone. Elle s'étend sur tout un pâté de maisons du quartier de l'Eixample et possède une station de métro à son nom.

Manzana de la Discordia
man·*sa*·na dé la dis·*kor*·dya

Ce tronçon du Passeig de Gràcia est appelé la "pomme de discorde", car il réunit les réalisations aux styles très contrastés des trois principaux architectes modernistes – Domènech i Montaner, Puig i Cadafalch et Gaudí – qui œuvrèrent à la demande de riches familles barcelonaises.

Palau de la Música Catalana
pa·*law* de la mou·si·ka ka·ta·*la*·na

Beaucoup considèrent cette salle de concert comme le fleuron du modernisme. Sa façade de briques, ornée de mosaïques, de bustes et de piliers recouverts de carreaux, dissimule une décoration intérieure encore plus opulente, véritable symphonie de céramiques et de verres polychromes.

Parc Güell   park gou·*él*

Propice à la détente, le parc aménagé par Gaudí mêle fantaisies architecturales et éléments naturels pour composer un cadre enchanteur au style inimitable. Sa belle esplanade abrite en son centre le Banc de Trencadís, ou banc ondulant, recouvert de céramiques.

Madrid

Campo del Moro   kam·po dél *mo·*ro

Ce ravissant parc à l'anglaise, ancien terrain de jeu des infants royaux, arbore des allées sinueuses, des tonnelles verdoyantes, des parterres de fleurs soignés et des fontaines. On y croise aussi des paons en goguette.

Museo del Prado   mou·sé·o del *pra·*do

Les collections inestimables réparties sur les trois niveaux du musée du Prado justifient à elles seules un séjour à Madrid. Regorgeant de chefs-d'œuvre, elles font la part belle aux grands maîtres de la peinture espagnole comme le Greco et Vélasquez.

Palacio Real   pa·*la·*Syo re·*al*

Ce vaste palais italianisant commencé sous Philippe V comporte quelque 2 800 pièces à la décoration somptueuse, dont 50 ouvertes au public.

Plaza de la Villa   pla·Sa de la *vi·*lya

Siège de la municipalité à l'époque médiévale, cette jolie place historique possède plusieurs édifices intéressants, en particulier la tour des Lujan datant du XVe siècle.

Plaza Mayor   pla·Sa ma·*yor*

Le cœur impérial de Madrid, qui fut jadis le théâtre des fêtes royales, des corridas et des autodafés, est désormais le domaine des terrasses de cafés. Il s'impose comme le lieu de rendez-vous madrilène par excellence.

SHOPPING
Renseignements

Où puis-je trouver… ? *¿Dónde está(n)…?* sg/pl   *donn·dé és·ta(nn)…*
  une banque   *un banco* sg   oun *bann·*ko
  un grand magasin *unos grandes*   *ou·*nos *grann·*dés
             almacenes pl   al·ma·*Sé·*nés
  un supermarché *un supermercado* sg oun sou·pér·mér·ka·do

Où pourrais-je acheter… ?
¿Dónde puedo comprar…?   *donn·*dé *pwé·*do komm·*prar…*

Je voudrais acheter…
Quisiera comprar…   ki·*syé·*ra komm·*prar…*

Je ne fais que regarder.
Sólo estoy mirando.   *so·*lo és·*toy* mi·*rann·*do

Je peux le voir ?
¿Puedo verlo?   *pwé·*do *bér·*lo

Vous en avez d'autres ?
¿Tiene otros?   tyé·né *o·*tros

Pourrais-je avoir un sac, s'il vous plaît ?
¿Podría darme una bolsa,   po·*dri·*ya dar·mé *ou·*na *bol·*sa
por favor?   por fa·bor

Vous pouvez me l'emballer ?
¿Me lo podría envolver?   mé lo po·*dri·*ya én·bol·*bér*

Il y a une garantie ?
¿Tiene garantía?   tyé·né ga·rann·*ti·*ya

Vous pouvez l'envoyer à l'étranger ?
¿Puede enviarlo por   *pwé·*dé én·*byar·*lo por
correo a otro país?   ko·*ré·*o a *o·*tro pa·*is*

Je peux passer le prendre plus tard ?
¿Puedo recogerlo más tarde? pwé·do ré·ko·*Rhér*·lo mas *tar*·dé

Il y a un défaut.
Es defectuoso. és dé·fék·*two*·so

Je voudrais…,	*Quisiera …,*	ki·*syé*·ra …
s'il vous plaît.	*por favor.*	por fa·*bor*
rendre ceci	*devolver esto*	dé·bol·*bér* és·to
que vous me	*que me*	ké mé
remboursiez	*devuelva*	dé·*bwél*·ba
	el dinero	él di·*né*·ro

Hauts lieux du shopping

L'Espagne ne décevra pas les amateurs de shopping. Barcelone compte, dit-on, le plus grand nombre de boutiques par habitant de toute l'Europe. Autre paradis des acheteurs, Madrid regorge de commerces, des petits magasins spécialisés aux immenses centres commerciaux. Dans les deux villes, la qualité est également au rendez-vous.

Barri Gòtic, Barcelone – rues branchées, night-clubs et vêtements d'occasion • antiquaires • boutiques excentriques

El Raval, Barcelone – enseignes de mode et de design • musique et vêtements originaux

La Ribera, Barcelone – ateliers d'artisans

L'Eixample, Barcelone – marques espagnoles et internationales • bijouteries

Chueca, Madrid – excellent quartier propice au shopping avec des boutiques à la mode

Plaza Mayor, Madrid – cadeaux • articles typiques

Salamanca, Madrid – comme Chueca en plus cher et plus classique

Argent

Combien ça coûte ?
¿Cuánto cuesta esto?
kwann·to *kwés*·ta és·to

Pouvez-vous m'écrire le prix ?
¿Puede escribir el precio?
pwé·dé és·kri·*bir* él *pré*·Syo

C'est très cher.
Es muy caro.
és mouy *ka*·ro

Je vais vous en donner…
Le/La daré … m/f
lé/la da·*ré* …

Vous n'avez rien de moins cher ?
¿Tiene algo más barato?
tyé·né *al*·go mas ba·*ra*·to

Vous avez de la monnaie ?
¿Tiene cambio?
tyé·né kamm·byo

Je voudrais ma monnaie, s'il vous plaît.
Quisiera mi cambio, por favor.
ki·syé·ra mi *kamm*·byo por fa·*bor*

Acceptez-vous… ?	*¿Aceptan …?*	a·*Sép*·tann …
les cartes	*tarjetas de*	tar·*Rhé*·tas dé
de crédit	*crédito*	kré·di·to
les cartes	*tarjetas de*	tar·*Rhé*·tas dé
de débit	*débito*	dé·bi·to
les chèques	*cheques de*	tché·kés dé
de voyage	*viajero*	bya·*Rhé*·ro
les espèces	*en efectivo*	énn é·féc·ti·bo
Pourrais-je avoir	*¿Podría darme*	po·dri·ya dar·mé
…, s'il vous plaît ?	…, por favor?	… por fa·*bor*
un sac	*una bolsa*	ou·na *bol*·sa
un reçu/une facture	*un recibo*	oun ré·*Si*·bo

Vêtements et chaussures

Je cherche...	*Busco ...*	*bous·ko ...*
un jean	*vaqueros* pl	ba·*ké*·ros
des chaussures	*zapatos* pl	Sa·*pa*·tos
des sous-vêtements	*ropa interior* sg	ro·pa in·té·*ryor*

Taille S	*talla pequeña*	ta·lya pe·*ke*·nya
Taille M	*talla mediana*	ta·lya mé·*dya*·na
Taille L	*talla grande*	ta·lya *grann*·dé

Je peux l'essayer ?
¿Me lo puedo probar? — mé lo *pwé*·do pro·*bar*

Je taille du (M).
Uso la talla (mediana). — ou·so la ta·lya (mé·*dya*·na)

Ça ne me va pas.
No me queda bien. — no mé *ké*·da byén

Livres et musique

Y a-t-il un(e)...	*¿Hay alguno/a ...*	ay al·*gou*·na ...
en français ?	*en francés* m/f	én frann·*Sés*
livre de (Gabriel García Márquez)	*libro* m *de Gabriel García Márquez)*	*li*·bro dé (ga·bry·él gar·Si·a mar·kés)
librairie	*librería* f	li·bré·*ri*·ya
guide des spectacles	*guía* f *del ocio*	gui·a dél o·Syo

Je voudrais...	*Quisiera ...*	ki·*syé*·ra ...
une cassette vierge	*una cinta virgen*	ou·na *Sinn*·ta *bir*·Rhén
un CD	*un cómpact*	oun *komm*·pak
des écouteurs	*unos auriculares*	ou·nos aou·ri·kou·*la*·rés

2.

Je voudrais…	Quisiera …	ki·syé·ra …
une carte	un mapa	oun *ma*·pa
un journal	un periódico	oun pé·*ryo*·di·ko
(en français)	(en francés)	(en frann·*cés*)
du papier	papel	pa·*pél*
un crayon	un bolígrafo	oun bo·*li*·gra·fo
une carte postale	una postal	ou·na pos·*tal*

J'ai entendu un groupe qui s'appelle…

Escuché a un grupo   és·kou·*tché* a oun *grou*·po
que se llama …   ké sé *lya*·ma …

Quel est son meilleur disque ?

¿Cuál es su mejor disco?   kwal és sou mé·*Rhor* dis·ko

Je peux l'écouter ici ?

¿Puedo escuchar este aquí?   pwé·do és·kou·*tchar* és·té a·ki

Photographie

J'ai besoin	Necesito un carrete	né·Sé·*si*·to oun ka·*ré*·té
d'une pellicule…	de película …	dé pé·*li*·kou·la …
pour cet appareil.	para esta cámara.	*pa*·ra és·ta *ka*·ma·ra
APS	APS	a pé é·sé
noir et blanc	en blanco y negro	én *blann*·ko i *né*·gro
couleur	en color	én ko·*lor*
(400) ISO/ASA	de sensibilidad	dé sén·si·bi·li·*da*
	(cuatro cientos)	(kwa·tro Syén·tos)

Combien coûte le développement de cette pellicule ?

¿Cuánto cuesta revelar   kwann·to kwés·ta ré·bé·*lar*
este carrete?   és·té ka·*ré*·té

Quand cela sera-t-il prêt ?

¿Cuándo estará listo?   kwann·do és·ta·*ra* lis·to

SORTIES
Au programme

Qu'y a-t-il...?	¿Qué hay ...?	ké ay ...
dans le coin	en la zona	én la *So*·na
ce week-end	este fin de	és·té finn dé
	semana	sé·*ma*·na
aujourd'hui	hoy	oy
ce soir	esta noche	és·ta *no*·tché
Où y a-t-il des...?	¿Dónde hay ...?	donn·dé ay ...
lieux gays	lugares gay	lou·*ga*·rés gay
endroits	lugares	lou·*ga*·rés
où manger	donde comer	donn·dé ko·*mér*
bars	bares	ba·rés
Y a-t-il un guide	¿Hay una guía ...	ay ou·na *gui*·ya ...
local...?	de la zona?	dé la *so*·na
des spectacles	del ocio	dél *o*·Syo
des films	de cine	dé *Si*·né
J'ai envie	Tengo ganas	*tén*·go *ga*·nas
d'aller...	de ir ...	dé ir ...
dans un bar	a un bar	a ounn bar
dans un café	a una cafetería	a *ou*·na ka·fé·té·*ri*·ya
à un concert	a un concierto	a ounn konn·*Syér*·to
faire un karaoké	a un bar de	a oun bar dé
	karaoke	ka·ra·*o*·ké
en boîte	a una discoteca	a *ou*·na dis·ko·té·ka
à une fête	a una fiesta	a *ou*·na *fyés*·ta
au restaurant	a un restaurante	a ounn rés·taou·*rann*·té
voir un ballet	al ballet	al ba·*lé*

Rendez-vous

À quelle heure se donne-t-on rendez-vous ?
¿A qué hora quedamos? a ké o·ra ké·*da*·mos

Où se donne-t-on rendez-vous ?
¿Dónde quedamos? *donn*·dé ké·*da*·mos

Donnons-nous rendez-vous à (8h).
Quedamos a (las ocho). ké·*da*·mos a (las o·tcho)

Donnons-nous rendez-vous à l'entrée.
Quedamos en la entrada. ké·*da*·mos én la én·*tra*·da

Centres d'intérêt

Je (n') aime (pas)…	*(No) Me gusta/ gustan …* sg/pl	(no) mé gous·ta/ gous·tann…
aller danser	*ir a bailar*	ir a bay·*lar*
le cinéma	*el cine*	él Si·né
la musique	*la música*	la *mou*·si·ka
faire du shopping	*ir de compras*	ir de komm·pras
Aimez-vous/ Aimes-tu… ?	*Le/Te gusta …?* pol/fam	lé/té gous·ta …
aller au concert	*ir a conciertos*	ir a konn·*Syér*·tos
écouter	*escuchar*	és·kou·*tchar*
de la musique	*música*	*mou*·si·ka
chanter	*cantar*	kann·*tar*
Je (n') aime (pas)…	*(No) Me gusta/ gustan …* sg/pl	(no) mé gous·ta/ gous·tann …
les films d'animation	*películas* f pl *de dibujos animados*	pé·*li*·kou·las dé di·*bou*·Rhos a·ni·*ma*·dos
les films d'horreur	*cine* m *de terror*	*Si*·né dé té·*ror*
les films de science-fiction	*cine* m *de ciencia ficción*	*Si*·né dé *Syén*·sya fik·*syonn*

RESTAURANT

petit déjeuner	*desayuno* m	dé·sa·*you*·no
déjeuner	*almuerzo* m	al·*mwér*·So
dîner	*cena* f	*Sé*·na
en-cas	*tentempié* m	tén·tém·*pyé*
boire	*beber*	bé·*bér*
manger	*comer*	ko·*mér*

Réserver une table

Pouvez-vous me recommander un... ?	*¿Puede recomendar un...?*	pwé·dé ré·ko·mén·*dar* oun...
bar	*bar*	bar
bar à tapas	*tasca*	*tas*·ka
café	*café*	ka·*fé*
restaurant	*restaurante*	rés·taou·*rann*·té
Où faut-il aller pour... ?	*¿Adónde se va para...?*	a·*donn*·dé sé ba *pa*·ra ...
faire un repas	*comer*	ko·*mer*
bon marché	*barato*	ba·*ra*·to
mangers des spécialités locales	*comer comida típica*	ko·*mér* ko·*mi*·da *ti*·pi·ka
Je voudrais une table..., s'il vous plaît.	*Quisiera una mesa..., por favor.*	ki·*syé*·ra *ou*·na *mé*·sa ... por fa·*bor*
pour (5)	*para (cinco)*	*pa*·ra (*Sinn*·ko)
(non)-fumeurs	*(no) fumadores*	(no) fou·ma·*do*·rés

Quel restaurant choisir ?

Les plaisirs de la table font partie de la culture espagnole et les bons restaurants de toutes sortes ne manquent pas. Voici les différents types d'établissements où vous pourrez goûter les saveurs locales :

horno asador or·no a·sa·dor

Le restaurant espagnol par excellence, dont le grand four à bois où rôtissent les viandes contribue à l'ambiance et met l'eau à la bouche.

terraza té·ra·Sa

Un établissement pourvu d'une agréable terrasse et également d'une petite salle, qu'on trouve souvent en centre-ville au milieu d'autres du même genre.

restaurante rés·taou·rann·té

La même chose que dans beaucoup de pays d'Europe, avec en Espagne un cadre souvent intime et un rôle social important.

casa de comidas ka·sa dé ko·mi·das

Une adresse populaire qui prépare des repas simples et bon marché assortis d'un service excellent.

tasca tas·ka

Un bar à tapas (parfois celui d'un restaurant), animé, dont le comptoir déborde de petits hors-d'œuvre appétissants.

jamónería Rha·mo·né·ri·a

Contrairement à ce que son nom et les gros jambons suspendus à l'intérieur pourraient laisser croire, il s'agit d'un restaurant de fruits de mer où le savoureux jambon cru espagnol n'est consommé qu'en hors-d'œuvre.

Commander

Que me conseillez-vous ?
¿Qué me recomienda?   ké mé ré·ko·*myén*·da

Puis-je avoir…, s'il vous plaît.	*Por favor nos trae …*	por fa·*bor* nos *tra*·é …
l'addition	*la cuenta*	la *kwén*·ta
la carte des boissons	*la lista de bebidas*	la *lis*·ta dé bé·*bi*·das
la carte	*el menú*	él mé·*nou*
Je le voudrais…	*Lo quisiera …*	lo ki·*syé*·ra …
à point	*no muy hecho*	no mouy é·tcho
saignant	*vuelta y vuelta*	*bwél*·ta i *bwél*·ta
à la vapeur	*al vapor*	al ba·*por*
très cuit	*muy hecho*	mouy é·tcho
avec l'assaisonnement à part	*con el aliño aparte*	konn él a·*li*·nyo a·*par*·té
avec/sans…	*con/sin…*	konn/sinn…

Boissons non alcoolisées

une (tasse de) café	*una (taza de) café*	ou·na (*ta*·sa dé) ka·*fé*
une (tasse de) thé	*una (taza de) té*	ou·na (*ta*·sa dé) té
avec du lait	*con leche*	konn *lé*·tché
avec/sans sucre	*con/sin azúcar*	konn/sinn a·*Sou*·kar
jus (d'orange)	*zumo* m *(de naranja)*	*Sou*·mo (de na·*ran*·Rha)
boisson sans alcool	*refresco* m	ré·*frés*·ko
eau	*agua* f …	*a*·gwa …
minérale plate	*mineral sin gas*	mi·né·*ral* sinn gas
minérale gazeuse	*mineral con gas*	mi·né·*ral* konn gas

Boissons alcoolisées

bière	cerveza f	sér·bé·Sa
cognac	coñac m	ko·nyak
champagne	champán m	tchamm·pann
rhum	ron m	ronn
whisky	güisqui m	gwis·ki
vodka	vodka f	bod·ka
cocktail	combinado m	komm·bi·na·do
sangria	sangría f	san·gri·ya

un(e) bouteille/	una botella/	ou·na bo·té·lya/
verre de vin…	una copa de vino …	ou·na ko·pa dé bi·no…
doux	dulce	doul·Sé
rouge	tinto	tinn·to
rosé	rosado	ro·sa·do
pétillant	espumoso	és·pou·mo·so
blanc	blanco	blann·ko

un(e)… de bière	… de cerveza	… dé sér·bé·Sa
verre	una caña	ou·na ca·nya
chope	una jarra	ou·na Rha·ra
pinte	una pinta	ou·na pinn·ta

Au bar

| Je prendrais… | Para mí … | pa·ra mi … |

La même chose, s'il vous plaît.
   Otra de lo mismo.   o·tra dé lo mis·mo
Je vous/t'offre un verre.
   Le/Te invito a una copa. pol/fam   lé/té inn·bi·to a ou·na ko·pa

Qu'est-ce que vous prenez/tu prends ?
¿Qué quiere(s) tomar? pol/fam   ké *kyé·ré(s)* to·*mar*

C'est ma tournée.
Es mi ronda.   és mi *ronn·*da

Combien ça coûte ?
¿Cuánto es eso?   *kwan·*to és *é·*so

Santé !
¡Salud!   sa·*lou*

Faire ses courses

Combien coûte (un kilo de fromage) ?
¿Cuánto vale (un kilo de queso)?   *kwann·*to ba·*lé* (oun *ki·*lo dé *ké·*so)

Quelle est la spécialité locale ?
¿Cuál es la especialidad de la zona?   kwal és la és·pé·*Sya·li·da* dé la *So·*na

Qu'est-ce que c'est ?
¿Qué es eso?   ké és *é·*so

Je/J'en voudrais…	Póngame …	pon·ga·*mé* …
(200) grammes	(doscientos) gramos	(do·*Syén·*tos) gra·mos
un kilo	un kilo	oun *ki·*lo
(2) kilos	(dos) kilos	(dos) *ki·*los
(3) morceaux	(tres) piezas	(trés) *pyé·*Sas
(6) tranches	(seis) lonchas	(séys) *lonn·*tchas
celui-là/celle-là	ése/ésa m/f	*é·*sé/*é·*sa
deux	dos	dos

Moins, s'il vous plaît.   *Menos, por favor.*   *mé·*nos por fa·*bor*
Ce sera tout, merci.   *Basta, gracias.*   ba·sta gra·*Syas*
Plus, s'il vous plaît.   *Más, por favor.*   mas por fa·*bor*

Allergies et régimes spéciaux

Y a-t-il un restaurant végétarien par ici ?
¿Hay un restaurante — ay oun rés·taou·*rann*·té
vegetariano por aquí? — bé·Rhé·ta·*rya*·no por a·*ki*

Je suis végétarien(ne).
Soy vegetariano/a. m/f — soy bé·Rhé·ta·*rya*·no/a

Je suis végétalien(ne).
Soy vegetariano/a — soy bé·Rhé·ta·*rya*·no/a
estricto/a. m/f — és·*trik*·to/a

Je ne mange pas (de viande rouge).
No como (carne roja). — no ko·mo (*kar*·né ro·Rha)

Pourriez-vous	¿Me puede	mé *pwé*·dé
préparer un repas	preparar una comida	pré·pa·*rar* ou·na ko·*mi*·da
sans… ?	sin …?	sinn …
beurre	mantequilla	mann·té·*ki*·lya
œufs	huevos	*wé*·bos
poisson	pescado	pés·*ka*·do
bouillon de	caldo de	*kal*·do dé
viande/poisson	carne/pescado	*kar*·né/pés·*ka*·do
porc	cerdo	*Sér*·do
volaille	aves	a·*bés*

Je suis allergique…	Soy alérgico/a … m/f	soy a·*lér*·Rhi·ko/a …
aux produits	a los productos	a los pro·*douk*·tos
laitiers	lácteos	*lak*·té·os
aux œufs	a los huevos	a los *wé*·bos
au glutamate	al glutamato	al glou·ta·*ma*·to
de sodium	monosódico	mo·no·*so*·di·ko
aux noix	a las nueces	a las *nwé*·Sés
aux fruits de mer	a los mariscos	a los ma·*ris*·kos
aux crustacés	a los crustáceos	a los krous·*ta*·Sé·os

Au menu

Aperitivos	a·pé·ri·*ti*·bos	apéritifs
Caldos	*kal*·dos	soupes
De entrada	dé én·*tra*·da	entrées
Ensaladas	én·sa·*la*·das	salades
Segundos platos	sé·*goun*·dos *pla*·tos	plats de résistance
Postres	*pos*·trés	desserts
Cervezas	sér·*bé*·Sas	bières
Licores	li·*ko*·rés	alcools
Refrescos	ré·*frés*·kos	boissons sans alcool
Vinos blancos	*bi*·nos *blann*·kos	vins blancs
Vinos dulces	*bi*·nos *doul*·Sés	vins doux
Vinos espumosos	*bi*·nos és·pou·*mo*·sos	vins pétillants
Vinos tintos	*bi*·nos *tinn*·tos	vins rouges
Digestivos	di·Rhés·*ti*·bos	digestifs

Pour découvrir les spécialités espagnoles, consultez le **Lexique culinaire**.

Lexique culinaire

a la plancha	a la *plann*·tcha	grillé
aceite m	a·*Séy*·té	huile
aceitunas f pl	a·*Séy*·*tou*·nas	olives
— rellenas	ré·*lyé*·nas	olives farcies
adobo m	a·*do*·bo	marinade à base d'ail, d'origan, de paprika, de poivre en grains, de sel, d'olives, de jus de citron et de vinaigre
aguacate m	a·gwa·*ka*·té	avocat
ahumado/a m/f	a·ou·*ma*·do/a	fumé(e)
ajo m	a·Rho	ail
al ajillo	al a·*Rhi*·lyo	à l'ail

RESTAURANT

33

al horno	al *or*·no	cuit au four
albaricoque m	al·ba·ri·*ko*·ké	abricot
albóndigas f pl	al·*bonn*·di·gas	boulettes de viande
alcachofa f	al·ka·*tcho*·fa	artichaut
allioli m	a·*lyo*·li	aïoli
almejas f pl	al·*mé*·Rhas	clovisses (petites coques)
almendra f	al·*mén*·dra	amande
alubias f pl	a·*lou*·byas	haricots rouges
anchoas f pl	ann·*tcho*·as	anchois
anguila m	ann·*gui*·la	anguille
anís m	a·*nis*	anis • anisé
apio m	*a*·pyo	céleri
arroz m	a·*roS*	riz
— con leche	konn *lé*·tché	riz au lait
asado/a m/f	a·*sa*·do/a	rôti(e)
atún m	a·*toun*	thon
bacalao m	ba·ka·*la*·o	morue
beicon m con queso	béy·*konn* konn *ké*·so	bacon au fromage
berberechos m pl	bér·bé·*ré*·tchos	coques
berenjena f	bé·rén·*Rhé*·na	aubergine
besugo m	bé·*sou*·go	daurade
bistec m	bis·*ték*	bifteck
— con patatas	konn pa·*ta*·tas	steak-frites
blanco m	*blann*·ko	blanc (vin)
bocadillo m	bo·ka·di·*lyo*	sandwich au jambon ou au fromage
bollo(s) m et sg/pl	*bo*·lyo(s)	pain(s) au lait
boquerones m pl	bo·ké·*ro*·nés	anchois
— en vinagre	én bi·*na*·gré	anchois vinaigrette
boquerones m pl fritos	bo·ké·*ro*·nés *fri*·tos	anchois frits
brasa	bra·sa	braise
butifarra f	bou·ti·*fa*·ra	saucisse
cabra f	*ka*·bra	chèvre
cacahuete m	ka·ka·*wé*·té	cacahouète

café m	ka·fé	café
— con leche	konn lé·ché	café au lait
— cortado	kor·ta·do	café noisette
— descafeinado	dés·ka·féy·na·do	décaféiné
— helado	é·la·do	café frappé
— solo m	so·lo	café noir
calabacín m	ka·la·ba·Sinn	courgette
calabaza f	ka·la·ba·Sa	citrouille • courge • potiron
calamares m pl	ka·la·ma·rés	calmars
— a la romana	a la ro·ma·na	calmars frits en beignets
caldereta f	kal·dé·ré·ta	sorte de ragoût
caldo m	kal·do	bouillon
callos m pl	ka·lyos	tripes
camarón m	ka·ma·ronn	crevette
canelones m pl	ka·né·lo·nés	cannellonis
cangrejo m	kann·gré·Rho	crabe
— de río	dé ri·yo	écrevisse
carabinero m	ka·ra·bi·né·ro	grosse crevette
caracol m	ka·ra·kol	escargot
carajillo m	ka·ra·Rhi·lyo	café préparé avec de l'alcool
carne f	kar·né	viande
— de vaca	dé ba·ka	viande de bœuf
caza f	ka·Sa	gibier
cazuela f	ka·Swé·la	casserole
cebolla f	Sé·bo·lya	oignon
cerdo m	Sér·do	porc
cereales m pl	Sé·ré·a·lés	céréales
cereza f	Sé·ré·sa	cerise
champiñones m pl	tcham·pi·nyo·nés	champignons
— al ajillo	al a·Rhi·lyo	champignons à l'ail
chanquetes m pl	tchan·ké·tés	blanchaille (petits poissons)
charcutería f	tchar·kou·té·ri·a	charcuterie (viande et commerce)

chipirón m	tchi·pi·*ronn*	petit calmar
chivo m	*tchi*·bo	chevreau
choco m	*tcho*·ko	seiche
chorizo m	tcho·*ri*·So	chorizo
— *al horno*	al *or*·no	chorizo au four
chuleta f	tchou·*lé*·ta	côtelette • T-bone steak
churrasco m	tchou·*ras*·ko	entrecôte
churro m	tchou·ro	churro (long beignet au sucre)
churros m pl *con chocolate*	tchou·ros konn tcho·ko·*la*·té	churros au chocolat
ciruela f	si·*rwé*·la	prune
cochinillo m	ko·tchi·*ni*·lyo	cochon de lait
cocido m	ko·*Si*·do	cuit • plat à base de viande, de chorizo et de légumes
cocina f	ko·*Si*·na	cuisine
coco m	*ko*·ko	noix de coco
col m	kol	chou
coles m pl *de Bruselas*	*ko*·lés dé brou·*sé*·las	choux de Bruxelles
coliflor m	ko·li·*flor*	chou-fleur
conejo m	ko·*né*·Rho	lapin
cordero m	*kor*·dé·ro	agneau
costilla f	kos·*ti*·lya	côtelette
croquetas f pl	kro·*ké*·tas	croquettes frites de jambon ou de poulet
crudo/a m/f	*krou*·do/a	cru(e)
cuajada f	kwa·*Rha*·da	boisson à base de lait caillé et de miel
doble m	*do*·blé	double café
dorado/a m/f	do·*ra*·do/a	doré(e)
dulce	*doul*·Sé	sucrerie
empanada f	ém·pa·*na*·da	tourte à la viande et aux légumes
ensaimada f	én·say·*ma*·da	viennoiserie de Mayorque
ensalada f	én·sa·*la*·da	salade

ensaladilla f	én·sa·la·*di*·lya	salade composée
— rusa	rou·sa	salade composée avec de la mayonnaise
entremeses f pl	én·tré·*mé*·sés	hors-d'œuvre
escabeche m	és·ka·*bé*·tché	légumes, oignons et piments conservés dans du vinaigre
espárragos m pl	és·*pa*·ra·gos	asperges
espagueti m	és·pa·*gé*·ti	spaghetti
espinacas m pl	és·pi·*na*·kas	épinards
estofado m	és·to·*fa*·do	ragoût
estofado/a m/f	és·to·*fa*·do/a	braisé(e)
faba m	*fa*·ba	sorte de haricots frits
faisán m	fay·*sann*	faisan
fideos m pl	fi·*dé*·os	nouilles
filete m	fi·*lé*·té	filet (viande ou poisson)
— empanado	ém·pa·*na*·do	filet pané
flan m	flann	flan
frambuesa f	fram·*bwé*·sa	framboise
fresa f	*fré*·sa	fraise
fresco/a m/f	*frés*·ko/a	frais/fraîche
frijol m	fri·*Rhol*	haricot
frío/a m/f	*fry*·o/a	froid(e)
frito/a m/f	*fri*·to/a	frit(e)
fruta f	*frou*·ta	fruit
fuerte	*fwér*·té	fort
galleta f	ga·*lyé*·ta	biscuit • galette
gambas f pl	*gam*·bas	gambas
— rebozadas	rébo·*Sa*·das	gambas panées
— a la plancha	a la *plann*·tcha	gambas grillées
garbanzos m pl	gar·*bann*·Sos	pois chiches
gazpacho m	ga·*spa*·tcho	soupe froide à la tomate et aux légumes
girasol m	Rhi·ra·*sol*	tournesol
granada f	gra·*na*·da	grenade

RESTAURANT

37

gratinado/a m/f	gra·ti·*na*·do/a	gratiné(e)
guindilla f	guinn·*di*·lya	piment rouge
guisantes m pl	gui·*sann*·tés	pois
güisqui m	*gwis*·ki	whisky
haba f	*a*·ba	fève
hamburguesa f	am·bour·*gé*·sa	hamburger
harina f	a·*ri*·na	farine
helado/a m/f	é·*la*·do/a	glacé(e)
hervido/a m/f	ér·*bi*·do/a	bouilli(e)
hierbabuena f	yér·ba·*bwé*·na	menthe
hígado m	*i*·ga·do	foie
higo m	*i*·go	figue
hongo m	*onn*·go	petit champignon
horchata f	or·*tcha*·ta	boisson à base de riz, parfumée à la cannelle
horneado/a m/f	or·né·*a*·do/a	cuit(e) au four
horno m	*or*·no	four
hortalizas f pl	or·ta·*li*·Sas	légumes
huevo m	*wé*·bo	œuf
— *revuelto*	ré·*bwél*·to	œuf brouillé
infusión m	inn·fou·*syonn*	infusion
jabalí m	Rha·ba·*li*	sanglier
jamón m	Rha·*monn*	jambon
— *dulce*	doul·Sé	jambon cuit
— *serrano*	*sé*·ra·no	jambon cru
jengibre m	Rhén·*Rhi*·bré	gingembre
jerez m	Rhé·*réS*	Xérès (vin)
judías f pl	Rhou·*di*·as	haricots
— *verdes*	*vér*·dés	haricots verts
— *blancas*	*blan*·kas	haricots beurre
langosta f	lann·*gos*·ta	langouste
langostino m	lann·gos·*ti*·no	crevette • homard
lechuga f	lé·*tchou*·ga	laitue
legumbre f	lé·*goum*·bré	légume
lengua f	*lén*·gwa	langue

lenguado m	lén·*gwa*·do	sole • limande
lentejas f pl	lén·té·Rhas	lentilles
lima f	*li*·ma	citron vert
limón m	*li*·monn	citron jaune
lomo m	*lo*·mo	échine
— *con pimientos*	konn pi·*myén*·tos	saucisse de porc
		aux piments
longaniza f	lonn·ga·*ni*·Sa	saucisson
macarrones m pl	ma·ka·*ro*·nés	macaronis
magdalena f	mag·da·*lé*·na	madeleine
maíz m	ma·*is*	maïs
mandarina f	mann·da·*ri*·na	mandarine
mango m	*mann*·go	mangue
manzana f	mann·*Sa*·na	pomme
manzanilla f	mann·Sa·*ni*·lya	camomille
		• type de vin blanc
marinado/a m/f	ma·ri·*na*·do/a	mariné(e)
mariscos m pl	ma·*ris*·kos	fruits de mer
martini m	mar·*ti*·ni	martini
mayonesa f	ma·yo·*né*·sa	mayonnaise
mejillones m pl	mé·Rhi·*lyo*·nés	moules
— *al vapor*	al ba·*por*	moules à la vapeur
melocotón m	mé·lo·ko·*tonn*	pêche
melón m	mé·*lonn*	melon
membrillo m	mém·*bri*·lyo	coing
menta m	*mén*·ta	menthe
menú m	mé·*nou*	menu
merluza f	mér·*lou*·sa	colin
— *a la plancha* f	a la *plann*·tcha	colin grillé
miel f	myél	miel
migas f pl	*mi*·gas	pain émietté, imbibé de
		lait et frit
mojama f	mo·*Rha*·ma	thon salé et séché
montado m	monn·*ta*·do	petit sandwich servi en
		hors-d'œuvre

RESTAURANT

morcilla f	mor·*Si*·lya	boudin noir
muy hecho/a m/f	mouy é·tcho/a	bien cuit(e)
naranja f	na·*rann*·Rha	orange
nata f	*na*·ta	crème
natillas f pl	na·*ti*·lyas	crème renversée
nuez m	nwés	noix
orejón m	o·ré·*Rhonn*	abricot sec
ostras f pl	*os*·tras	huîtres
paella f	pa·é·lya	paella
paloma f	pa·*lo*·ma	pigeon
pan m	pann	pain
parrilla f	pa·*ri*·lya	grill
pasa m	*pa*·sa	raisin
pastas f pl	*pas*·tas	pâtes
pastel m	pas·*tél*	pâtisserie • gâteau
patatas f pl	pa·*ta*·tas	pommes de terre
— alioli	a·*lyo*·li	pommes de terre à l'ail
— bravas	*bra*·bas	pommes de terre épicées et frites
patatas f pl fritas	pa·*ta*·tas fri·tas	chips • frites
patisería f	pa·ti·sé·*ri*·ya	pâtisserie (magasin)
pato m	*pa*·to	canard
pavo m	*pa*·bo	dinde
pechuga f	pé·*tchou*·ga	poitrine
pepino m	pé·*pi*·no	concombre
pera f	*pé*·ra	poire
perdiz f	pér·*dis*	perdrix
peregrina f	pé·ré·*gri*·na	pétoncle
pescadilla f	pés·ka·*di*·lya	merlan
pescado m	pés·*ka*·do	poisson
pescaíto m frito	pés·ka·*i*·to fri·to	petit poisson frit
pez m espada	pés és·*pa*·da	espadon
picadillo m	pi·ka·*di*·lyo	viande émincée
pil pil m	pil pil	sauce à l'ail souvent épicée
pimienta f	pi·*myén*·ta	poivre

40

pimiento m	pi·*myén*·to	poivron
piña f	pi·nya	ananas
pinchito m	pin·*tchi*·to	petit kebab
pincho m	*pinn*·tcho	kebab
piñón m	pi·*nyonn*	pignon
pistacho m	pis·*ta*·tcho	pistache
plancha f	*plann*·tcha	grill
plátano m	*pla*·ta·no	banane
platija f	pla·*ti*·Rha	filet (poisson)
plato m	*pla*·to	assiette • plat
poco hecho/a m/f	*po*·ko é·tcho/a	saignant(e)
pollo m	*po*·lyo	poulet
postre m	*pos*·tré	dessert
potaje m	po·*ta*·Rhé	potage
primer m *plato*	pri·*mér pla*·to	entrée
puerros m pl	*pwé*·ros	poireaux
pulpo m	*poul*·po	poulpe
— *a la gallega*	a la ga·*lyé*·ga	poulpe en sauce
queso m	*ké*·so	fromage
rabo m	*ra*·bo	queue
ración f	ra·*syonn*	petite assiette ou plat de tapas
rape m	*ra*·pé	lotte
rebozado/a m/f	ré·bo·*Sa*·do/a	pané(e) et frit(e)
refrescos m pl	ré·*frés*·kos	boissons fraîches
relleno m	ré·*lyé*·no	farce
remolacha f	ré·mo·*la*·tcha	betterave
riñón m	ri·*nyonn*	rognon
ron m	ronn	rhum
rosada f	ro·*sa*·da	poisson-chat
sal f	sal	sel
salado/a m/f	sa·*la*·do	salé(e)
salchichas f pl	sal·*tchi*·tchas	saucisses
salchichón f	sal·tchi·*tchonn*	saucisson
salmón m	sal·*monn*	saumon

sandía f	sann·*di*·ya	pastèque
sangría f	sann·*gri*·ya	sangria
sardina f	sar·*di*·na	sardine
seco/a m/f	sé·ko/a	sec/sèche • séché(e)
segundo m *plato*	sé·*goun*·do *pla*·to	plat de résistance
sepia f	sé·pya	seiche
serrano m	sé·*ra*·no	jambon serrano
sesos m pl	sé·sos	cervelle
seta f	sé·ta	champignon sauvage
sidra f	si·dra	cidre
sobrasada f	so·bra·*sa*·da	saucisson pimenté
soja f	so·Rha	soja
solomillo m	so·lo·*mi*·lyo	aloyau
sopa f	so·pa	soupe
tapas f pl	ta·pas	tapas
tarta f	*tar*·ta	gâteau
té m	té	thé
ternera f	tér·*né*·ra	veau
tinto m	*tinn*·to	rouge (vin)
tocino m	to·*si*·no	lard
tomate m	to·*ma*·té	tomate
torta f	*tor*·ta	tarte • galette
tortilla f	tor·*ti*·lya	omelette
— de patata/	dé pa·*ta*·ta/	omelette aux
española	és·pa·*nyo*·la	pommes de terre
tostada f	tos·*ta*·da	toast
trigo m	*tri*·go	blé
trucha f	*trou*·tcha	truite
trufa f	*trou*·fa	truffe
turrón m	tou·*ronn*	*touron*, nougat
		aux amandes
uva f	*ou*·ba	raisin
vaca (carne de) f	*ba*·ka (*kar*·né dé)	(viande de) bœuf
vegetal m	bé·Rhé·*tal*	végétal
venera f	bé·*né*·ra	coquille Saint-Jacques

verduras f pl	bér·*dou*·ras	légumes
vieira f	vyéy·ra	coquille Saint-Jacques
vino m	*bi*·no	vin
— *de la casa*	dé la *ka*·sa	vin de la maison
zanahoria f	sa·na·o·rya	carotte
zarzuela f	Sar·*Swé*·la	ragoût de poisson
— *de marisco*	dé ma·*ris*·ko	ragoût de fruits de mer

Les meilleurs tapas

Les tapas sont de délicieux en-cas cuisinés, que l'on peut consommer presque 24h/24 dans les bars et certains clubs. Les spécialités suivantes sont parmi les plus courantes :

anchoas fritas a la catalana an·*cho*·as *fri*·tas a la ka·ta·*la*·na
anchois frits à la catalane

bacalao ba·ka·*lao*
morue – d'ordinaire salée et séchée – accommodée de diverses manières

boquerones bo·ké·*ro*·nés
anchois frais marinés dans du vinaigre de vin

callos *ka*·lios
tripes – un plat particulièrement apprécié à Madrid

caracoles ka·ra·*ko*·lés
escargots – parfois servis *a la riojana* (dans une sauce au paprika)

gambas al ajillo *gam*·bas al a·*Rhi*·lyo
crevettes à l'ail • gambas à l'ail

garbanzos con espinacas gar·*bann*·Sos konn es·pi·*na*·kas
pois chiches aux épinards

pulpo gallego *poul*·po ga·lié·go
poulpe bouilli dans une sauce relevée

tortilla española tor·*ti*·lya és·pa·*nyo*·la
omelette aux pommes de terre et aux oignons

43

SERVICES
Poste

Je voudrais envoyer…	Quisiera enviar …	ki·*syé*·ra én·*byar* …
un fax	un fax	oun faks
un colis	un paquete	oun pa·*ké*·té
une carte postale	una postal	*ou*·na pos·*tal*

Je voudrais acheter…	Quisiera comprar …	ki·*syé*·ra komm·*prar* …
une enveloppe	un sobre	oun *so*·bré
des timbres	unos sellos	*ou*·nos sé·lyos

Merci de l'envoyer…	Por favor, mándelo…	por fa·*bor* mann·dé·lo…
par avion	por vía aérea	por bi·ya a·é·ré·a
en tarif urgent	por correo m urgente	por ko·*ré*·o our·*Rhén*·té
par courrier	por correo m	por ko·*ré*·o
en recommandé	certificado	Sér·ti·fi·ka·do
par voie normale	por vía terrestre	por bi·ya té·*rés*·tré

Banque

Où puis-je… ?	¿Dónde puedo …?	donn·dé pwé·do …
J'aimerais…	Me gustaría …	mé gous·ta·*ri*·ya …
toucher un chèque	cobrar un cheque	ko·*brar* oun tché·ké
changer un	cambiar un	kamm·*byar* oun
chèque de voyage	cheque de viajero	tché·ké dé bya·*Rhé*·ro
changer de l'argent	cambiar dinero	kamm·*byar* di·*né*·ro
obtenir une	obtener un	ob·té·*nér* oun
avance en liquide	adelanto	a·dé·*lann*·to
retirer de l'argent	sacar dinero	sa·*kar* di·*né*·ro

44

À quelle heure ouvre la banque ?
¿A qué hora abre el banco? a ké *o*·ra *a*·bré él *bann*·ko

Puis-je effectuer un virement ?
¿Puedo hacer una pwe·do a·*Ser* ou·na
transferencia? trans·fé·*rén*·Sya

Où est le bureau de change le plus proche ?
¿Dónde está la oficina donn·dé és·*ta* la o·fi·*Si*·na dé
de cambio más cercana? *kamm*·byo mas sér·*ka*·na

Où est le distributeur de billets le plus proche ?
¿Dónde está el cajero donn·dé és·*ta* él ka·*Rhé*·ro
automático más cercano? aou·to·*ma*·ti·ko mas Sér·*ka*·no

À combien s'élève... ? *¿Cuál es ...?* kwal és ...
  la commission *la comisión* *la* ko·mi·*Syonn*
  le taux de change *la tasa de cambio* *la* ta·sa dé *kamm*·byo

Téléphone

Quel est votre/ton numéro de téléphone ?
¿Cuál es su/tu número kwal és sou/tou *nou*·mé·ro
de teléfono? pol/fam dé té·*lé*·fo·no

Où puis-je trouver une cabine téléphonique ?
¿Dónde hay una don·de ay ou·na
cabina telefónica? ka·*bi*·na té·lé·*fo*·ni·ka

Je voudrais acheter une carte téléphonique.
Quisiera comprar una ki·*syé*·ra komm·*prar*
tarjeta telefónica. ou·na tar·*Rhé*·ta té·lé·*fo*·ni·ka

Je voudrais passer un appel (en PCV) à Singapour.
Quisiera hacer una llamada ki·*syé*·ra a·*Sér* ou·na lya·*ma*·da
(a cobro revertido) a Singapur. (a *ko*·bro ré·bér·*ti*·do) a sinn·ga·*pour*

Combien coûte…?   *¿Cuánto cuesta …?*   *kwann·to kwés·ta …*
    un appel   *una llamada*   *ou·na lya·ma·da*
    de (3) minutes   *de (tres) minutos*   *dé (trés)mi·nou·tos*
    la minute   *cada minuto*   *ka·da mi·nou·to*
    supplémentaire   *extra*   *ék·stra*

Je voudrais (3) minutes de communication.
    Quisiera hablar por   *ki·syé·ra a·blar por*
    (tres) minutos.   *(trés) mi·nou·tos*

Le numéro est…
    El número es …   *él nou·mé·ro és …*

Téléphone portable

Quel est le tarif ?
    ¿Cuál es la tarifa?   *kwa·lés la ta·ri·fa*

(30 c) pour (30) secondes.
    (Treinta centavos) por   *(tréyn·ta sén·ta·bos) por*
    (treinta) segundos.   *(tréyn·ta) sé·goun·dos*

Je voudrais…   *Quisiera …*   *ki·syé·ra …*
    un adaptateur   *un adaptador*   *oun a·dap·ta·dor*
    un chargeur   *un cargador*   *oun kar·ga·dor*
    pour mon   *para mi*   *pa·ra mi*
    portable   *móvil*   *mo·bil*
    un téléphone   *un móvil para*   *oun mo·bil pa·ra*
    portable à louer   *alquilar*   *al·ki·lar*
    un portable   *un móvil*   *oun mo·bil*
    prépayé   *pagado por*   *pa·ga·do por*
        adelantado   *a·dé·lann·ta·do*
    une carte SIM pour   *una tarjeta SIM para*   *ou·na tar·Rhé·ta simm*
    votre réseau   *su red*   *pa·ra sou ré*

Internet

Y a-t-il un cybercafé près d'ici ?
¿Dónde hay un cibercafé cercano?
donn·dé ay oun si·bér·ka·fé Sér·ka·no

Combien coûte... ? *¿Cuánto cuesta por ... ?* kwann·to kwés·ta por
- **un quart d'heure** *un cuarto de hora* oun *kwar*·to dé o·ra
- **une heure** *una hora* ou·na o·ra
- **une page** *una página* ou·na pa·Rhi·na
- **un CD** *un cómpact* oun komm·pakt

Comment est-ce que je me connecte ?
¿Cómo entro al sistema?
ko·mo én·tro al sis·té·ma

Il a planté.
Se ha quedado colgado.
sé a ké·da·do kol·ga·do

J'ai terminé.
He terminado.
é tér·mi·na·do

Je voudrais... *Quisiera ...* ki·syé·ra ...
- **consulter** *revisar mi correo* ré·bi·sar mi ko·ré·o
- **mes e-mails** *electrónico* é·lék·tro·ni·ko
- **aller sur Internet** *usar el Internet* ou·sar él inn·tér·nét
- **utiliser une** *usar una* ou·sar ou·na
- **imprimante** *impresora* imm·pré·so·ra
- **utiliser un scanner** *usar un escáner* ou·sar oun és·ka·nér

Avez-vous... ? *¿Tiene ...?* tyé·né ...
- **des Mac** *Macintosh* ma·kinn·totch
- **des PC** *PC* pé Sé
- **un lecteur Zip** *unidad de Zip* ou·ni·da dé Sip

TRANSPORTS
Orientation

Où est (la Plaza Mayor) ?
¿Dónde está (La Plaza Mayor)?   *don·dé és·ta (la pla·Sa ma·yor)*

Je cherche (La Rambla).
Busco (La Rambla).   *bous·ko (la ram·bla)*

Comment va-t-on à... ?
¿Por dónde se va a ...?   por *donn·dé sé ba a ...*

C'est à quelle distance ?
¿A cuánta distancia está?   a *kwann·ta dis·tann·Sya és·ta*

C'est à quelle adresse ?
¿Cuál es la dirección?   kwal és la di·rék·Syonn

Vous pouvez me montrer (sur la carte) ?
¿Me lo puede indicar   mé lo *pwé·dé* in·di·*kar*
(en el mapa)?   (én él *ma·pa*)

C'est...	Está ...	és·ta ...
derrière...	detrás de ...	dé·*tras* dé ...
à côté de...	al lado de ...	al *la·*do dé ...
loin	lejos	lé·Rhos
ici	aquí	a·*ki*
en face de...	enfrente de ...	én·*frén·*té dé ...
à gauche	por la izquierda	por la iS·*kyér·*da
près de...	cerca de ...	*Sér·*ka dé ...
à côté de...	al lado de ...	al *la·*do dé ...
au coin	en la esquina	én la és·*ki·*na
devant...	frente a ...	*frén·*té a ...
à droite	por la derecha	por la dé·*ré·*tcha
tout droit	todo recto	*to·*do rék·to
là	ahí	a·*i*

C'est à...	Está a ...	és·ta a ...
(100) mètres	(cien) metros	(Syén) mé·tros
(2) kilomètres	(dos) kilómetros	(dos) ki·lo·mé·tros
(5) minutes	(cinco) minutos	(sinn·ko) mi·nou·tos

Tournez...	Doble ...	do·blé ...
à gauche	a la izquierda	a la iS·kyér·da
à droite	derecha	dé·ré·tcha
à l'angle	en la esquina	én la és·ki·na
au feu	en el semáforo	én él sé·ma·fo·ro

en bus	por autobús	por aou·to·bous
en métro	en metro	én mé·tro
à pied	a pie	a pyé
en taxi	en taxi	én tak·si
en train	en tren	én trénn

nord	norte m	nor·té
sud	sur m	sour
est	este m	es·té
ouest	oeste m	o·és·té

Circuler

À quelle heure part... ?	¿A qué hora sale ...?	a ké o·ra sa·lé ...
le bateau	el barco	él bar·ko
le bus	el autobús	él aou·to·bous
l'omnibus	el ómnibus	él om·ni·bous
l'avion	el avión	él a·byonn
le train	el tren	él trén
le tramway	el tranvía	él trann·bi·ya

À quelle heure est le ... bus ?	¿A qué hora es el ... autobús?	a ké *o*·ra és él ... aou·to·*bous*
premier	*primer*	pri·*mér*
dernier	*último*	*oul*·ti·mo
prochain	*próximo*	*prok*·si·mo

Je veux descendre ici.
Quiero bajarme aquí.
kyé·ro ba·*Rhar*·mé a·*ki*

Combien d'arrêts y a-t-il jusqu'à… ?
¿Cuántas paradas hay hasta …?
kwannn·tass pa·*ra*·das ay as·ta …

Vous me direz quand nous arriverons à… ?
¿Me podría decir cuándo lleguemos a …?
mé *pwé*·dé dé·*Sir kwannn*·do lyé·*gué*·mos a …

Cette place est-elle libre ?
¿Está libre este asiento?
és·*ta* li·bré és·té a·*syén*·to

C'est ma place.
Ése es mi asiento.
é·sé és mi a·*syén*·to

Billets et bagages

Où puis-je acheter un billet ?
¿Dónde puedo comprar un billete?
donn·dé *pwé*·do komm·*prar* oun bi·*lyé*·té

Il faut réserver ?
¿Tengo que reservar?
ténn·go ké ré·*sér*·bar

Combien de temps dure le trajet ?
¿Cuánto se tarda?
kwannn·to sé *tar*·da

Un aller simple pour (Cádiz).
Un billete sencillo a (Cádiz).
oun bi·*lyé*·té sénn·*Si*·lyo a (ka·diS)

Je voudrais ... mon billet, s'il vous plaît.	Me gustaría ... mi billete, por favor.	mé gous·ta·*ri*·a ... bi·*lyé*·té por fa·*bor*
annuler	cancelar	kannn·Sé·*lar*
changer	cambiar	kamm·*byar*
confirmer	confirmar	konn·fir·*mar*
Un billet ..., s'il vous plaît.	Un billete ..., por favor.	oun bi·*lyé*·té ..., por fa·*bor*
1re classe	de primera clase	dé pri·*mé*·ra *kla*·sé
2e classe	de segunda clase	dé sé·*goun*·da *kla*·sé
enfant	infantil	inn·fann·*til*
aller simple	de ida	dé *i*·da
aller-retour	de ida y vuelta	dé *i*·da i *bwél*·ta
étudiant	de estudiante	dé és·tou·*dyann*·té
Je voudrais un siège...	Quisiéra un asiento ...	ki·*syé*·ra oun a·*syén*·to ...
côté couloir	de pasillo	dé pa·*si*·lyo
côté fenêtre	junto a la ventana	*Rhoun*·to a la *bén*·*ta*·na
non-fumeur	de no fumadores	dé no fou·ma·*do*·rés
fumeur	de fumadores	dé fou·ma·*do*·rés
Y a-t-il... ?	¿Hay ... ?	ay ...
l'air conditionné	aire acondicionado	*ay*·ré a·konn·di·*Syo*·*na*·do
une couverture	una manta	*ou*·na *man*·ta
des toilettes	servicios	ser·*bi*·Syos
une projection vidéo	vídeo	bi·*dé*·o

Le trajet est-il direct ?
¿Es un viaje directo?   és oun *bya*·Rhé di·*rék*·to

À quelle heure dois-je faire enregistrer mes bagages ?
¿A qué hora tengo que facturar mi equipaje?   a ké *o*·ra *tén*·go ké fak·tou·*rar* mi é·ki·*pa*·Rhé

Vous pouvez me mettre sur liste d'attente ?
¿Puede ponerme en la lista de espera?
pwé·dé po·nér·mé én la lis·ta dé és·pé·ra

Où puis-je trouver une consigne avec casier ?
¿Dónde puedo encontrar un casillero de consigna?
donn·dé pwé·do énn·konn·trar oun ka·si·lyé·ro dé konn·sig·na

Puis-je avoir des pièces/jetons ?
¿Me podría dar monedas/fichas?
mé po·dri·a dar mo·né·das/fi·tchas

Où récupère-t-on ses bagages ?
¿Dónde está la recogida de equipages?
donn·dé és·ta la ré·ko·Rhi·da dé é·ki·pa·Rhés

Mes bagages ont été…	*Mi equipaje ha sido …*	*mi é·ki·pa·Rhé a si·do …*
endommagés	*dañado*	da·nya·do
perdus	*perdido*	pér·di·do
volés	*robado*	ro·ba·do

Bus, métro, taxi et train

Quel bus va au… ?
¿Qué autobús/autocar va a …?
ké aou·to·bous/aou·to·kar ba al …

Est-ce le bus pour… ?
¿Es el autobús para …?
és él aou·to·bous pa·ra …

À quel arrêt sommes-nous ?
¿Cuál es esta estación?
kwal és és·ta és·ta·Syon

Quel est le prochain arrêt ?
¿Cuál es la próxima estación?
kwal és la prok·si·ma és·ta·Syon

Ce train s'arrête-t-il à (Aranjuez) ?
¿Para el tren en (Aranjuez)?
pa·ra él trén én (a·ran·RhweS)

Dois-je prendre une correspondance ?
¿Tengo que cambiar de tren?
tén·go ké kamm·byar dé trén

Combien d'arrêts y a-t-il jusqu'au (musée) ?
¿Cuántas paradas hay hasta (el museo)?
kwan·tas pa·ra·das ay as·ta (él mou·sé·o)

Où est le wagon... ?	*¿Cuál es el coche ...?*	kwal és él ko·tché ...
pour (Valence)	*para (Valencia)*	pa·ra (va·lénn·Sya)
de 1re classe	*de primera clase*	dé pri·mé·ra kla·sé
restaurant	*comedor*	ko·mé·dor

Je voudrais un taxi...	*Quisiera un taxi ...*	ki·syé·ra oun tak·si ...
maintenant	*ahora*	a·o·ra
pour (9h)	*a las (nueve de la mañana)*	a las (nwé·bé dé la ma·nya·na)
pour demain	*mañana*	ma·nya·na

Ce taxi est-il libre ?
¿Está libre este taxi?
és·ta li·bré és·té tak·si

Mettez le compteur, s'il vous plaît.
Por favor, ponga el taxímetro.
por fa·bor ponn·ga él tak·si·mé·tro

Combien coûte la course jusqu'à... ?
¿Cuánto cuesta ir a ...?
kwannn·to kwés·ta ir a ...

Amenez-moi (à cette adresse), s'il vous plaît.
Por favor, lléveme a (esta dirección).
por fa·bor lyé·bé·mé a (és·ta di·rék·Syonn)

S'il vous plaît, ...	*Por favor, ...*	por fa·*bor* ...
ralentissez	*vaya más*	*ba*·ya mas
	despacio	dé·*spa*·Syo
attendez ici	*espere aquí*	és·pé·ré a·*ki*
Arrêtez-vous...	*Pare ...*	*pa*·ré ...
au coin	*en la esquina*	én la és·*ki*·na
ici	*aquí*	a·*ki*

Location de véhicule

Je voudrais louer...	*Quisiera alquilar ...*	ki·*syé*·ra al·ki·*lar* ...
une moto	*una moto*	*ou*·na *mo*·to
une (grande/	*un coche*	oun *ko*·tché
petite)	*(grande/*	(grann·dé/
voiture	*pequeño)*	pé·*ké*·nyo)
avec...	*con ...*	konn ...
l'air	*aire*	*ay*·ré
conditionné	*acondicionado*	a·konn·di·Syo·*na*·do
de l'anti-gel	*anticongelante*	ann·ti·konn·Rhe·*lann*·té
des chaînes	*cadenas de nieve*	ka·*dé*·nas dé *nyé*·bé
(pour la neige)		
Combien coûte	*¿Cuánto cuesta*	kwannn·to kwés·ta
la location à... ?	*alquilar por ...?*	al·ki·*lar* por ...
la journée	*día*	*di*·ya
l'heure	*hora*	*o*·ra
la semaine	*semana*	sé·*ma*·na

Est-ce que cela inclut l'assurance/le kilométrage ?

*¿Incluye el seguro/   inn·*klou*·yé él sé·*gou*·ro/*
kilometraje?   ki·lo·mé·*tra*·Rhé

C'est bien la route pour aller à… ?
¿Se va a … por esta carretera?
sé ba a … por és·ta ka·ré·té·ra

Où puis-je trouver une station-service ?
¿Dónde hay una gasolinera?
donn·dé ay ou·na ga·so·li·né·ra

(Pour combien de temps) Puis-je me garer ici ?
¿(Por cuánto tiempo) Puedo aparcar aquí?
(por kwannn·to tyém·po) pwé·do a·par·kar a·ki

Quelle est la limite de vitesse … ?
¿Cuál es el límite de velocidad …?
kwal és él li·mi·té dé bé·lo·Si·da …

    en ville
    en la ciudad
    én la Syou·da

    à la campagne
    en el campo
    én él kamm·po

Signalisation routière

Acceso	ak·sé·so	Entrée
Aparcamiento	a·par·ka·myén·to	Parking
Ceda el Paso	Sé·da él pa·so	Cédez le passage
Desvío	dés·bi·o	Déviation
Dirección Única	di·rék·Syonn ou·ni·ka	Sens unique
Frene	fré·né	Ralentir
Peaje	pé·a·Rhé	Péage
Peligro	pé·li·gro	Danger
Prohibido aparcar	pro·i·bi·do a·par·kar	Stationnement interdit
Prohibido el Paso	pro·i·bi·do él pa·so	Sens interdit
Stop	é·stop	Stop
Vía de Acceso	vi·a dé ak·Sé·so	Voie d'accès

HÉBERGEMENT

Trouver un hébergement

Où puis-je trouver… ?	¿Dónde hay…?	donn·dé ay …
une chambre d'hôtes	una pensión con desayuno	ou·na pén·syonn konn dé·sa·you·no
un terrain de camping	un terreno de cámping	oun té·ré·no dé kamm·pinn
une pension	una pensión	ou·na pén·syonn
un hôtel	un hotel	oun o·tél
une auberge de jeunesse	un albergue juvenil	oun al·bér·gué Rhou·bé·nil
Pouvez-vous me recommander une adresse… ?	¿Puede recomendarme algún sitio …?	pwé·dé ré·ko·mén·dar·mé al·goun si·tyo …
bon marché	barato	ba·ra·to
agréable	agradable	a·gra·da·blé
romantique	romántico	ro·mann·ti·ko
haut de gamme	de lujo	dé lou·Rho
près d'ici	cercano	Sér·ka·no

C'est à quelle adresse ?
¿Cuál es la dirección?   kwal és la di·rék·Syonn

Réservation

Je voudrais réserver une chambre.
Quisiera reservar una habitación.   ki·syé·ra ré·sér·bar ou·na a·bi·ta·Syonn

J'ai une réservation.
He hecho una reserva.   é é·tcho ou·na ré·sér·ba

Je m'appelle…   *Me llamo …*   mé lya·mo …

Avez-vous une	¿Tiene una	tyé·né *ou*·na
chambre... ?	habitación ...?	a·bi·ta·*Syonn* ...
double	doble	*do*·blé
simple	individual	inn·di·bi·*dwal*
avec lits jumeaux	con dos camas	konn dos *ka*·mas

Quel est le prix	¿Cuánto cuesta	kwann·to kwés·ta
pour... ?	por ...?	por ...
une nuit	noche	*no*·tché
une personne	persona	pér·*so*·na
une semaine	semana	sé·*ma*·na
un mois	mes	méss

Pour (3) nuits.
Por (tres) noches.
por (trés) *no*·tchés

Du (2 juillet) au (6 juillet).
Desde (el dos de julio)
hasta (el seis de julio).
dés·dé (él dos dé *Rhou*·lyo)
as·ta (él séys dé *Rhou*·lyo)

Je peux la voir ?
¿Puedo verla?
pwé·do *bér*·la

D'accord. Je la prends.
Vale. La alquilo.
ba lé la al·*ki*·lo

Dois-je payer d'avance ?
¿Necesito pagar por
adelantado?
né·sé·*si*·to pa·*gar* por
a·dé·lann·*ta*·do

Acceptez-vous... ?	¿Puedo pagarle ...?	poué·do pa·*gar*·lé...
les cartes de crédit	con tarjeta de crédito	konn tar·*Rhé*·ta dé *kré*·di·to
les espèces	en efectivo	énn é·féc·*ti*·bo
les chèques de voyage	con cheques de viajero	konn *tché*·kés dé bya·*Rhé*·ro

57

Renseignements et services

Quand/Où le petit-déjeuner est-il servi ?
¿Cuándo/Dónde se sirve el desayuno?
kwann·do/donn·dé sé sir·bé él dé·sa·you·no

Merci de me réveiller à (7h).
Por favor, despiérteme a (las siete).
por fa·bor dés·pyér·té·mé a (las syé·té)

Puis-je utiliser… ?	*¿Puedo usar …?*	pwé·do ou·sar …
la cuisine	*la cocina*	la ko·Si·na
la laverie	*el lavadero*	él la·va·dé·ro
le téléphone	*el teléfono*	él té·lé·fo·no

Y a-t-il… ?	*¿Hay …?*	ay …
un ascenseur	*ascensor*	a·Sén·sor
un service de blanchisserie	*servicio de lavandería*	sér·bi·Syo dé la·ban·dé·ri·ya
un coffre-fort	*una caja fuerte*	ou·na ka·Rha fwér·té

Est-ce que vous… ?	*¿Aquí …?*	a·ki …
organisez des visites guidées	*organizan recorridos*	or·ga·ni·sann ré·ko·ri·dos
changez de l'argent	*cambian dinero*	kamm·byann di·né·ro

La chambre est trop…	*La habitación es demasiado…*	la a·bi·ta·Syonn és dé·ma·sya·do…
bruyante	*ruidosa*	rwi·do·sa
chère	*cara*	ka·ra
froide	*fría*	fri·ya
lumineuse	*clara*	kla·ra
petite	*pequeña*	pé·ké·nya
sombre	*oscura*	os·kou·ra

La/le/les ... ne fonctionne(nt) pas.	No funciona...	no foun·Syo·na
climatisation	el aire acondicionado	él ay·ré a·konn·di·Syo·na·do
ventilateur	el ventilador	él bén·ti·la·dor
toilettes	el retrete	el ré·tré·té
fenêtre	la ventana	la bén·ta·na

Puis-je avoir un(e) autre... ?	¿Puede darme otra ...?	pwé·dé dar·mé o·tra ...
Ce/cet/cette ...	Ésta ...	és·ta ...
n'est pas propre.	no está limpia.	no és·ta lim·pya
couverture	manta	man·ta
oreiller	almohada	al·moa·da
taie d'oreiller	funda de almohada	foun·da dé al·moa·da
drap	sábana	sa·ba·na
serviette	toalla	twa·lya

Quitter les lieux

À quelle heure doit-on libérer la chambre ?
¿A qué hora hay que dejar libre la habitación?
a ké o·ra ay ké dé·Rhar li·bré la a·bi·ta·Syonn

Puis-je laisser mes bagages ici ?
¿Puedo dejar las maletas aquí?
pwé·do dé·Rhar las ma·lé·tas a·ki

Puis-je récupérer..., s'il vous plaît ?	¿Me puede devolver..., por favor?	mé pwé·dé dé·bol·bér ... por fa·bor
ma caution	mi depósito	mi dé·po·si·to
mon passeport	mi pasaporte	mi pa·sa·por·té
mes objets de valeur	mis objetos de valor	mis ob·Rhé·tos dé ba·lor

Je reviens...	Volveré ...	bol·bé·ré ...
dans (3) jours	en (tres) días	én (trés) di·yas
(mardi) prochain	el (martes)	él (mar·tés)

AFFAIRES
Présentations

Où est/se déroule… ?	*¿Dónde está …?*	donn·dé és·ta …
le centre d'affaires	*el servicio*	él sér·bi·Syo
	secretarial	sé·kré·ta·ryal
le congrès	*el congreso*	él konn·gré·so
J'assiste à…	*Asisto a …*	a·sis·to a …
un congrès	*un congreso*	oun konn·gré·so
un cours	*un curso*	oun kour·so
une réunion	*una reunión*	ou·na ré·ou·nyonn
une foire	*una feria de*	ou·na fé·rya dé
	muestras	mwés·tras
Je suis ici avec…	*Estoy aquí con …*	és·toy a·ki konn …
ma société	*mi compañía*	mi komm·pa·nyi·ya
mon/mes collègue(s)	*mi(s) compañero(s)*	mi(s) komm·pa·nyé·ro(s)
(2) personnes	*otros (dos)*	o·tros (dos)

Voici ma carte de visite.
Aquí tiene mi tarjeta   a·ki tyé·né mi tar·Rhé·ta
de visita.   dé bi·si·ta

Laissez-moi vous présenter mon collègue.
¿Puedo presentarle   pwé·do pré·sén·tar·lé
mi compañero/a? m/f   mi komm·pa·nyé·ro/a

Je suis seul(e).
Estoy solo/a. m/f   és·toy so·lo/a

Je réside à …, chambre…
Me estoy alojando   mé és·toy a·lo·Rhann·do
en …, la habitación …   en …, la a·bi·ta·Syonn

Je suis ici pour (2) jours/semaines.
Estoy aquí por (dos)   és·toy a·ki por (dos)
días/semanas.   di·yas/sé·ma·nas

Affaire en cours

J'ai rendez-vous avec...
Tengo una cita con ...   *tén·go ou·na Si·ta konn*

J'attends...   *Estoy esperando ...*   *és·toy és·pé·rann·do...*
   un appel   *una llamada*   *ou·na lya·ma·da*
   un fax   *un fax*   *oun faks*

J'ai besoin...   *Necesito ...*   *né·sé·si·to ...*
   d'un accès   *una conexión*   *ou·na ko·nék·Syonn*
   à Internet   *al Internet*   *al inn·tér·nét*
   d'un(e) interprète   *un/una*   *oun/ou·na*
     intérprete m/f   *inn·tér·pré·té*
   de faire   *hacer*   *a·Sér*
     des photocopies   *fotocopias*   *fo·to·ko·pyas*
   d'envoyer un   *enviar un*   *én·byar oun*
     e-mail   *email*   *i·mayl*
   d'envoyer un   *enviar un*   *én·byar oun*
     fax   *fax*   *faks*
   d'un   *retroproyector* m   *ré·tro·pro·yék·tor*
     rétroprojecteur   *de transparencias*   *dé trann·spa·rén·Syas*
   d'un tableau blanc   *pizarra* f *blanca*   *pi·Sa·ra blann·ka*

Affaire conclue

Ça s'est très bien passé.
Eso fue muy bien.   *é·so fué mouy byén*

Voulez-vous aller boire/manger quelque chose ?
¿Vamos a tomar/comer algo?   *ba·mos a to·mar/ko·mér al·go*

C'est pour moi.
Invito yo.   *in·vi·to yo*

SÉCURITÉ ET SANTÉ
Urgences

Au secours !	*¡Socorro!*	so·*ko*·ro
Stop !	*¡Pare!*	pa·ré
Partez !	*¡Váyase!*	ba·ya·sé
Au voleur !	*¡Ladrón!*	la·*dronn*
Au feu !	*¡Fuego!*	fwé·go
Attention !	*¡Cuidado!*	kwi·*da*·do

C'est une urgence.
Es una emergencia.   és ou·na é·mér·*Rhén*·Sya

Appelez la police !
¡Llame a la policía!   Iya·mé a la po·li·*Si*·ya

Appelez un docteur !
¡Llame a un médico!   Iya·mé a oun *mé*·di·ko

Appelez une ambulance !
¡Llame a una ambulancia!   Iya·mé a ou·na amm·bou·*lann*·Sya

Pouvez-vous m'aider, s'il vous plaît ?
¿Me puede ayudar, por favor?   mé pwé·dé a·you·*dar* por fa·*bor*

Il faut que j'utilise un téléphone.
Necesito usar el teléfono.   né·Sé·*si*·to ou·*sar* él té·*lé*·fo·no

Je suis perdu(e).
Estoy perdido/a. m/f   és·toy pér·*di*·do/a

Où sont les toilettes ?
¿Dónde están los servicios?   donn·dé és·*tann* los *sér*·bi·Sios

Laissez-moi tranquille !
¡Déjame en paz!   dé·Rha·mé én paS

Police

Où est le commissariat ?
¿Dónde está la comisaría? donn·dé és·*ta* la ko·mi·sa·*ri*·ya

Je voudrais signaler un délit.
Quiero denunciar un delito. kyé·ro dé·noun·*Syar* oun dé·*li*·to

J'ai été attaqué(e).
He sido asaltado/a. m/f é *si*·do a·sal·*ta*·do/a

J'ai été victime d'un vol.
Me han robado. mé ann ro·*ba*·do

J'ai été victime d'un viol.
He sido violado/a. m/f é *si*·do byo·*la*·do/a

On m'a volé(e). *Me han robado/a.* m/f mé ann ro·*ba*·do/a

J'ai perdu…	*He perdido …*	é pér·*di*·do …
mon sac à dos	*mi mochila*	mi mo·*tchi*·la
mes valises	*mis maletas*	mis ma·*lé*·tas
ma carte	*mi tarjeta*	mi tar·*Rhé*·ta
de crédit	*de crédito*	dé *kré*·di·to
mon sac à main	*mi bolso*	mi *bol*·so
mon argent	*mi dinero*	mi di·*né*·ro
mon passeport	*mi pasaporte*	mi pa·sa·*por*·té
mon portefeuille	*mi cartera*	mi kar·*té*·ra

Je veux contacter mon ambassade/consulat.
Quiero ponerme en contacto kyé·ro po·*nér*·mé én konn·*tak*·to
con mi embajada/ konn mi ém·ba·*Rha*·da/
consulado. konn·sou·*la*·do

J'ai une prescription pour ce médicament.
Tengo receta para tén·go ré·*Sé*·ta *pa*·ra
para este medicamento. *pa*·ra es·té mé·di·ca·*ménn*·to

Santé

Où se trouve...	¿Dónde está ...	donn·dé és·*ta* ...
le/la plus proche ?	más cercano/a? m/f	mas Sér·*ka*·no/a
la pharmacie	la farmacia f	la far·*ma*·sya
le dentiste	el dentista m	él dén·*tis*·ta
le médecin	el/la médico/a m/f	él/la *mé*·di·ko/a
l'hôpital	el hospital m	él os·pi·*tal*
le centre médical	el consultorio m	él konn·soul·*to*·ryo
l'oculiste	el oculista m	él o·kou·*lis*·ta

J'ai besoin d'un docteur (qui parle français/anglais).

Necesito un médico   né·sé·*si*·to oun *mé*·di·ko
(que hable francés/inglés). (ké *a*·blé frann·*Sés*/inn·*glés*)

Pourrais-je voir une femme médecin ?

¿Puede examinarme   pwé·dé ék·sa·mi·*nar*·mé
una médica?   ou·na *mé*·di·ka

Le médecin peut-il venir me voir ?

¿Puede visitarme el   pwé·dé bi·si·*tar*·mé él
médico?   *mé*·di·ko

Je n'ai plus assez de médicaments.

Se me terminaron los   sé mé tér·mi·*na*·ronn los
medicamentos.   mé·di·ka·*mén*·tos

Je suis vacciné(e) contre...	Estoy vacunado/a contra ... m/f	és·*toy* ba·kou·*na*·do/a konn·tra ...
Il/Elle est vacciné(e) contre...	Está vacunado/a contra ... m/f	és·*ta* ba·kou·*na*·do/a konn·tra ...
l'hépatite A/B/C	la hepatitis A/B/C	la é·pa·*ti*·tis a/bé/Sé
le tétanos	el tétano	él *té*·ta·no
le typhus	la tifus	la *ti*·fous

Condition physique et allergies

Je suis malade.
Estoy enfermo/a. m/f
és·*toy* én·*fér*·mo/a

Ça me fait mal, ici.
Me duele aquí.
mé *dwé*·lé a·*ki*

Je suis blessé(e).
He sido herido/a. m/f
é *si*·do é·*ri*·do/a

J'ai vomi.
He estado vomitando.
é és·*ta*·do bo·mi·*tann*·do

Je me sens...	*Me siento ...*	mé *syén*·to ...
mieux	*mejor*	mé·*Rhor*
très fatigué(e)	*muy cansado/a*	mouy kann·*sa*·do
nauséeux/nauséeuse	*mareado/a* m/f	ma·ré·*a*·do
fiévreux/fiévreuse	*destemplado/a* m/f	dés·tém·*pla*·do/a
moins bien	*peor*	pé·*or*

Pour en savoir plus, voir les **dictionnaires** dans le chapitre **EN DÉTAIL**.

Ai-je besoin d'une ordonnance pour... ?
¿Necesito receta para ...?
né·Sé·*si*·to ré·*Sé*·ta *pa*·ra

J'ai une ordonnance.
Tengo receta médica.
tén·go ré·*Sé*·ta *mé*·di·ka

Combien de fois par jour ?
¿Cuántas veces al día?
kwann·tas *bé*·Sés al *di*·ya

J'ai...
Tengo ...
tén·go ...

J'ai (récemment) eu...
(Hace poco) He tenido ...
(a·Sé *po*·ko) é té·*ni*·do ...

Je suis un traitement pour…

Estoy bajo medicación para …		*és·toy* ba·Rho mé·di·ka·Syonn *pa·ra …*

allergie	*alergia* f	a·lér·*Rhi*·ya
asthme	*asma* m	*as*·ma
bronche	*bronquitis* m	bronn·*ki*·tis
diabète	*diabetes* m	di·a·bé·tés
diarrhée	*diarrea* f	di·a·ré·a
entorse	*torcedura* f	tor·Sé·*dou*·ra
infection	*infección* f	inn·fék·*Syon*
fièvre	*fiebre* f	fyé·bré
mal de tête	*dolor* m *de cabeza*	do·lor dé ka·bé·Sa
migraine	*migraña* f	mi·*gra*·nya
rhume	*resfriado* m	rés·fri·*a*·do
toux	*tos* f	tos

Je suis	*Soy*	soy
allergique…	*alérgico/a…* m/f	a·lér·Rhi·ko/a…
aux antibiotiques	*a los antibióticos*	a los ann·ti·*byo*·ti·kos
aux anti-inflammatoires	*a los anti-inflamatorios*	a los ann·ti·inn·fla·ma·*to*·ryos
à l'aspirine	*a la aspirina*	a la as·pi·*ri*·na
aux abeilles	*a las abejas*	a las a·*bé*·Rhas
à la codéine	*a la codeina*	a la ko·dé·*i*·na
aux noix	*a las nueces*	a las nwé·Sés
aux cacahouètes	*a los cacahuetes*	a os ka·ka·*wé*·tés
à la pénicilline	*a la penicilina*	a la pé·ni·Si·*li*·na
au pollen	*al polen*	al po·*lén*

J'ai une allergie de la peau.

Tengo una alergia en la piel.	*tén*·go ou·na a·*lér*·Rhya én la pyél

Pour en savoir plus sur les allergies, consultez le chapitre **RESTAURANT**, p. 32.

SANTÉ

Chiffres

0	*cero*	*Sé·ro*
1	*uno*	*ou·no*
2	*dos*	dos
3	*tres*	trés
4	*cuatro*	*kwa·tro*
5	*cinco*	*Sinn·ko*
6	*seis*	séys
7	*siete*	*syé·té*
8	*ocho*	*o·tcho*
9	*nueve*	*nwé·bé*
10	*diez*	dyés
11	*once*	*onn·Sé*
12	*doce*	*do·Sé*
13	*trece*	*tré·Sé*
14	*catorce*	*ka·tor·Sé*
15	*quince*	*kinn·Sé*
16	*dieciséis*	*dyé·Si·séys*
17	*diecisiete*	*dyé·Si·syé·té*
18	*dieciocho*	*dyé·Si·o·tcho*

19	*diecinueve*	dyé·Si·nwé·bé
20	*veinte*	*béyn·té*
21	*veintiuno*	béyn·ti·*ou·no*
22	*veintidós*	béyn·ti·*dos*
30	*treinta*	*tréyn·ta*
40	*cuarenta*	kwa·*rén·ta*
50	*cincuenta*	Sinn·*kwén·ta*
60	*sesenta*	sé·*sén·ta*
70	*setenta*	sé·*tén·ta*
80	*ochenta*	o·*tchén·ta*
90	*noventa*	no·*bén·ta*
100	*cien*	*Syén*
101	*ciento uno*	Syen·to ou·no
102	*ciento dos*	Syen·to dos
200	*doscientos*	do·*Syén·tos*
1 000	*mil*	mil
2 000	*dos mil*	dos mil
1 000 000	*un millón*	oun mi·*lyonn*

Couleurs

... foncé	... *oscuro*	... *o·skou·ro*
... clair	... *claro*	... *kla·ro*

noir	*negro/a*	*né·gro/a*
bleu	*azul*	a·*Soul*
marron	*marrón*	ma·*ronn*
vert	*verde*	*vér·dé*

gris	*gris*	griss
orange	*naranja*	na·*rann·*Rha
rose	*rosa*	*ro·*sa
mauve	*lila*	*li·*la
rouge	*rojo/a*	ro·*Rho/a*
blanc	*blanco/a*	*blan·ko/a*
jaune	*amarillo/a*	a·ma·ri·*lyo/a*

67

Heures et dates

Quelle heure est-il ?	¿Qué hora es?	ké o·ra és
Il est 1h.	Es la una.	és la ou·na
Il est (10h).	Son las (diez).	sonn las (dyés)
(2h) et quart.	(Las dos) y cuarto.	(las doss) i kwar·to
(2h) vingt.	(Las dos) y veinte.	(las doss) i béyn·té
(2h) et demie.	(Las dos) y media.	(las doss) i mé·dya
(3h)	(Las tres)	(las tréss)
moins vingt.	menos veinte.	mé·noss béyn·té
moins le quart.	menos cuarto.	mé·noss kwar·to
À quelle heure ?	¿A qué hora ?	a ké o·ra
À ...	A la(s)...	a la(s)...
du matin	de la mañana	dé la ma·nya·na
de l'après-midi	de la tarde	dé la tar·dé
lundi	lunes	lou·nés
mardi	martes	mar·tés
mercredi	miércoles	myér·ko·lés
jeudi	jueves	Rhwé·bés
vendredi	viernes	byér·nés
samedi	sábado	sa·ba·do
dimanche	domingo	do·minn·go
janvier	enero	é·né·ro
février	febrero	fé·bré·ro
mars	marzo	mar·So
avril	abril	a·bril
mai	mayo	ma·yo
juin	junio	Rhou·nyo
juillet	julio	Rhou·lyo
août	agosto	a·gos·to

septembre	septiembre	sép·tyém·bré
octobre	octubre	ok·tou·bré
novembre	noviembre	no·byém·bré
décembre	diciembre	di·Syém·bré

printemps	primavera f	pri·ma·bé·ra
été	verano m	bé·ra·no
automne	otoño m	o·to·nyo
hiver	invierno m	inn·byér·no

Quel jour sommes-nous ?
¿Qué día es hoy?   ké *di*·ya és oy
Nous sommes le (5 mai).
Es (el cinco de mayo).   és (él *Sinn*·ko de *ma*·yo)

la date	la fecha	la fé·tcha
le mois dernier	el mes pasado	él més pa·sa·do
la nuit dernière	anoche	a·no·tché
la semaine dernière	la semana pasada	la sé·ma·na pa·sa·da
l'année dernière	el año pasado	él a·nyo pa·sa·do

... prochain(e)	...que viene	... ké byé·né
le mois	el mes	el més
la semaine	la semana	la sé·ma·na
l'année	el año	el a·nyo

Depuis (mai).   *Desde (mayo).*   dés·dé (*ma*·yo)

hier...	ayer por la ...	a·yér por la ...
demain...	mañana por la ...	ma·nya·na por la ...
matin	mañana	ma·nya·na
après-midi	tarde	tar·dé
soir	noche	no·tché

Dans ce dictionnaire, le genre des noms est indiqué par un m (masculin) ou un f (féminin). Lorsque le nom est au pluriel, nous l'avons signalé par l'abréviation pl. Lorsqu'aucun genre n'est indiqué, c'est qu'il s'agit d'un adjectif ou d'un verbe.

A

accident *accidente* m ak·Si·dén·té
acheter *comprar* komm·*prar*
addition *cuenta* f kwén·ta
administration *administración* f ad·mi·nis·tra·*Syonn*
adresse *dirección* f di·rék·*Syonn*
aéroport *aeropuerto* m a·é·ro·pwér·to
agence de voyages *agencia* f *de viajes* a·*Rhén*·Sya dé bya·Rhés
agressif/agressive *agresivo/a* m/f a·gré·si·bo/a
aimable *amable* a·ma·blé
air *aire* m ay·ré
— **conditionné** *aire acondicionado* ay·ré a·konn·di·Syo·na·do
alcool *alcohol* m al·ko·ol
aller *ir* ir
allergie *alergia* f a·lér·Rhya
allocation chômage *subsidio* m *de desempleo* soub·si·dyo dé dés·ém·plé·o
allumettes *fósforos* m pl fos·fo·ros
alpinisme *alpinismo* m al·pi·*nis*·mo
altitude *altura* f al·tou·ra
ambassade *embajada* f ém·ba·*Rha*·da
ambulance *ambulancia* f amm·bou·*lann*·Sya
amende *multa* f moul·ta
ami(e) *amigo/a* m/f a·mi·go/a
ampoule *ampolla* f amm·*po*·lya
analgésiques *analgésicos* m pl a·nal·Rhé·si·kos
année *año* a·nyo
anniversaire *cumpleaños* m koum·plé·*a*·nyos
annuaire *guía* m *telefónica* gui·ya té·lé·fo·ni·ka

annuler *cancelar* kann·Sé·lar
antibiotiques *antibióticos* m pl ann·ti·*byo*·ti·kos
antiquité *antigüedad* f ann·ti·gwé·*da*
antiseptique *antiséptico* m ann·ti·sép·ti·ko
appareil (-photo) *cámara* f *(fotográfica)* ka·ma·ra (fo·to·gra·fi·ka)
appeler (au téléphone) *llamar por teléfono* lya·mar por té·lé·fo·no
apporter *traer* tra·ér
après *después de* dés·pwés dé
après-demain *pasado mañana* pa·sa·do ma·nya·na
archéologique *arqueológico/a* m/f ar·ké·o·lo·Rhi·ko/a
arène *plaza de toros* pla·Sa dé to·ros
argent *dinero* m di·né·ro
— **liquide** *dinero en efectivo* di·né·ro én é·fék·ti·bo
argent (matière) *plata* f pla·ta
armoire *armario* m ar·ma·ryo
arrêt de bus *parada* f *de autobús* pa·ra·da dé aou·to·*bous*
arrêter *detener* dé·té·nér
arrivée *llegada* f lyé·ga·da
arrivées *llegadas* f pl lyé·ga·das
arriver *llegar* lyé·gar
art *arte* m ar·té
artisanat *artesanía* f ar·té·sa·ni·ya
ascenseur *ascensor* m a·Sén·sor
aspirine *aspirina* f as·pi·ri·na
assiette *plato* m pla·to
assurance *seguro* sé·gou·ro
attendre *esperar* és·pé·rar
auberge de jeunesse *albergue* m *juvenil* al·*bér*·gué Rhou·bé·nil

audiophone *audífono* m aou-*di*-fo-no

aujourd'hui *hoy* oy

automatique *automático/a* m/f
aou-to-*ma*-ti-ko/a

autoroute *autopista* f aou-to-*pis*-ta

autre *otro/a* m/f o-tro/a

avant-hier *anteayer* ann-té-a-*yér*

avec *con* konn

avion *avión* m a-*byonn*

avocat (profession) *abogado/a* m/f
a-*bo*-*ga*-do/a • (fruit) *aguacate* m
a-gwa-*ka*-té

avoir *tener* té-*nér*
— **besoin** *necesitar* né-Sé-si-tar
— **confiance** *confiar* konn-*fyar*
— **faim** *tener hambre* té-*nér* amm-bré
— **mal au cœur** *estar mareado/a* m/f és-tar
ma-ré-a-do/a
— **sommeil** *tener sueño* té-*nér* swé-nyo

B

bagages *equipaje* m é-ki-*pa*-Rhé

baignoire *bañera* f ba-nyé-ra

bain • salle de bains • toilettes *baño* m
ba-*nyo*

banque *banco* m bann-ko

bar *bar* m bar

bas • petit (hauteur) *bajo/a* m/f ba-Rho/a

bateau *barco* m bar-ko
— **à moteur** *motora* f mo-*to*-ra
— **à voile** *barco* m *de vela* bar-ko dé bé-la

bâtiment *edificio* m é-di-*fi*-Syo

beau/belle *hermoso/a* m/f ér-mo-so/a

beaucoup *muchos/as* m/f pl mou-tchos/as

bébé *bebé* m et f bé-bé

Belgique *Bélgica* f bél-*Rhi*-ka

Belge *Belga* m et f *bél*-ga

besoin *necesito* m né-Sé-si-to
— **avoir besoin** *necesitar* né-Sé-si-tar

beurre *mantequilla* f mann-té-*ki*-lya

bibliothèque *biblioteca* f bi-blyo-*té*-ka

bicyclette *bicicleta* f bi-Si-*klé*-ta

bière *cerveza* f sér-bé-Sa

bijouterie *joyería* f Rho-yé-*ri*-ya

billet *boleto* m bo-*lé*-to

billets de banque *billetes* m pl *de banco*
bi-*lyé*-tés dé bann-ko

billetterie *boletería* f bo-lé-té-*ri*-ya
— **automatique** *máquina* f *de*
boletos ma-ki-na dé bo-*lé*-tos

blanchisserie *lavandería* f la-bann-dé-*ri*-ya

blessure *herida* f é-*ri*-da

boire *beber* bé-*bér*

boisson gazeuse *gaseosa* f ga-sé-*o*-sa

boîte de conserve *lata* f *la*-ta

bon marché *barato/a* m/f ba-*ra*-to/a

bord de mer *orilla* f *del mar* o-ri-lya dél mar

bon(ne) *bueno/a* m/f bwé-no/a

bouche *boca* f bo-ka

boucherie *carnicería* f kar-ni-sé-*ri*-ya

boulangerie *panadería* f pa-na-dé-*ri*-ya

boussole *brújula* f brou-Rhou-la

bouteille *botella* f bo-*té*-lya

bras *brazo* m bra-So

briquet *mechero* m mé-*tché*-ro

brosse à dents *cepillo* m *de dientes* Sé-*pi*-lyo
dé dyén-tés

brûlure *quemadura* f ké-ma-*dou*-ra

bruyant(e) *ruidoso/a* m/f rwi-*do*-so/a

buraliste *estanquero* m és-tann-*ké*-ro

bureau *oficina* f o-fi-*Si*-na
— **des objets trouvés** *oficina de objetos*
perdidos o-fi-*Si*-na dé ob-*Rhé*-tos pér-*di*-dos
— **de poste** *correos* m pl ko-*ré*-os

bus *autobús* m aou-to-*bous*
— **de ville** *autobús de la ciudad* aou-to-*bous*
dé la Syou-*da*

C

ça, cela *éste/a* m/f és·te/a
cabine téléphonique *cabina* f *telefónica* ka·*bi*·na té·lé·*fo*·ni·ka
cadeau *regalo* m ré·*ga*·lo
cadenas *candado* m kann·*da*·do
café *café* m ka·*fé*
cahier *cuaderno* m kwa·*dér*·no
caisse *caja* f ka·*Rha*
caleçon *calzoncillos* m pl kal·sonn·*si*·lyos
campagne *campo* m *kamm*·po
camping *cámping* m *kamm*·pinn
Canada *Canadá* m ka·na·*da*
Canadien(ne) *Canadiense* m et f ka·na·*diénn*·sé
canard *pato* m *pa*·to
carafe *jarra* f *Rha*·ra
carte (plan) *mapa* m *ma*·pa
carte *tarjeta* f tar·*Rhé*·ta
— **bancaire** *tarjeta bancaria* tar·*Rhé*·ta bann·*ka*·rya
— **de crédit** *tarjeta de crédito* tar·*Rhé*·ta dé *kré*·di·to
— **de téléphone** *tarjeta de teléfono* tar·*Rhé*·ta dé té·*lé*·fo·no
cassé(e) *roto/a* m/f *ro*·to/a
cassette *casete* f ka·sé·te
— **vidéo** *cinta* f *de vídeo* *Sinn*·ta dé *bi*·dé·o
cathédrale *catedral* f ka·té·*dral*
catholique *católico/a* m/f ka·*to*·li·ko/a
CD *cómpact* m *komm*·pakt
ceinture de sécurité *cinturón* m *de seguridad* *Sinn*·tou·*ronn* dé sé·gou·ri·*da*
célibataire *soltero/a* m/f sol·*té*·ro/a
cendrier *cenicero* m Sé·ni·*Sé*·ro
centime *centavo* m *Sén*·ta·bo
centre *centro* m *Sén*·tro

chaise *silla* f *si*·lya
— **roulante** *silla de ruedas* *si*·lya dé *rwé*·das
chaleur *calor* m ka·*lor*
chambre *habitación* f a·bi·ta·*Syonn*
— **à air** *cámara* f *de aire* *ka*·ma·ra dé *ay*·ré
— **double** *habitación doble* a·bi·ta·*Syonn* *do*·blé
— **simple** *habitación individual* a·bi·ta·*Syonn* inn·di·bi·*dwal*
change (argent) *cambio* m *(de dinero)* *kamm*·byo (dé di·né·ro)
changer *cambiar* kamm·*byar* • **échanger**
chapeau *sombrero* m somm·*bré*·ro
chapelle *capilla* f ka·*pi*·lya
chaque *cada* *ka*·da
château *castillo* m kas·*ti*·lyo
chaud *caliente* ka·*lyén*·té
chaussettes *calcetines* m pl kal·Sé·*ti*·nés
chaussures *zapatos* m pl Sa·*pa*·tos
— **de randonnée** *botas* f pl *de montaña* *bo*·tas dé monn·*ta*·nya
chemise *camisa* f ka·*mi*·sa
chèque *cheque* m tché·*ké*
— **de voyage** *cheque de viajero* tché·ké dé bya·*Rhé*·ro
cher/chère *caro/a* m/f *ka*·ro/a
cheville *tobillo* m to·*bi*·lyo
chewing-gum *chicle* m *tchi*·klé
cigare *cigarro* m Si·*ga*·ro
cigarette *cigarillo* m Si·ga·*ri*·lyo
cinéma *cine* m *Si*·né
ciseaux *tijeras* f pl ti·*Rhé*·ras
classe *clase* f *kla*·sé
— **affaire** *clase preferente* kla·sé pré·fé·*rén*·té
— **économique** *clase turística* kla·sé tou·*ris*·ti·ka
clé *llave* f *lya*·bé
code postal *código* m *postal* *ko*·di·go pos·*tal*

Dictionnaire français/espagnol D

cœur *corazón* m ko·ra·Zonn

coffre-fort *caja f fuerte* ka·Rha fwér·té

coiffeur/coiffeuse *peluquero/a* m/f pé·lou·ké·ro/a

col (montagne) *paso* m pa·so • **(chemise)** *cuello* m kwé·lio

combien *cuanto* kwann·to

comment *como* ko·mo

commerçant(e) *comerciante* m et f ko·mér·Syann·té

commerce *negocio* m né·go·Syo

commissariat *comisaría* f ko·mi·sa·ri·ya

compagnon/compagne *compañero/a* m/f komm·pa·nyé·ro/a

complet/complète *lleno/a* m/f lyé·no/a

compte bancaire *cuenta f bancaria* kwén·ta bann·ka·rya

concert *concierto* m konn·Syér·to

conduire *conducir* konn·dou·Sir

confirmer *confirmar* konn·fir·mar

confortable *cómodo/a* m/f ko·mo·do/a

consigne *consigna* f konn·si·gna
— **automatique** *consigna f automática* konn·si·gna aou·to·ma·ti·ka

constipation *estreñimiento* m és·tré·nyi·myén·to

consulat *consulado* m konn·sou·la·do

contraceptif *anticonceptivo* m ann·ti·konn·sép·ti·bo

côte (géographie) *costa* f kos·ta

côté *lado* m la·do • **à côté de** *al lado de* al la·do dé

coton *algodón* m al·go·donn

couche (pour bébés) *pañal* m pa·nyal

coucher de soleil *puesta f del sol* pwés·ta dél sol

coup de soleil *golpe de sol* gol·pé dé sol

coupe-ongles *cortauñas* m kor·ta·ou·nyas

couper *cortar* kor·tar

couple *pareja* f pa·ré·Rha

courrier *correo* m ko·ré·o

— **en recommandé** *correo certificado* ko·ré·o Sér·ti·fi·ka·do

— **urgent** *correo urgente* ko·ré·o our·Rhén·té

courses *compras* f pl komm·pras
• **aller faire des courses** *ir de compras* ir dé komm·pras

court(e) *corto/a* m/f kor·to/a

couteau *cuchillo* m kou·tchi·lyo
— **pliant** *navaja* f na·ba·Rha

coûter *costar* kos·tar

couvert *cubierto* kou·byér·to
• **prix du couvert** *(precio m del) cubierto* pré·Sio dél kou·byér·to

crème *crema* f kré·ma
— **hydratante** *crema hidratante* kré·ma i·dra·tann·té
— **solaire** *crema solar* kré·ma so·lar

cru(e) *crudo/a* m/f krou·do/a

cuillère *cuchara* f kou·tcha·ra
• **petite cuillère** *cucharita* f kou·tcha·ri·ta

cuir *cuero* m kwé·ro

cuisine *cocina* f ko·Si·na

cuisiner *cocinar* ko·Si·nar

culotte *bragas* f pl bra·gas

cure-dents *palillo* m pa·li·lyo

cybercafé *cibercafé* m Si·bér·ka·fé

D

dangereux/dangereuse *peligroso/a* m/f pé·li·gro·so/a

danser *bailar* bay·lar

date *fecha* f fé·tcha
— **de naissance** *fecha de nacimiento* fé·tcha dé na·Si·myén·to

décalage horaire *diferencia* f *de horas* di·fé·rén·Sya dé o·ras
— **jet lag** m dyét lag

défectueux/défectueuse *defectuoso/a* m/f dé·fék·two·so/a

EN DÉTAIL

73

Dictionnaire français/espagnol

déjeuner *almuerzo* m al·mwér·So
demain *mañana* ma·nya·na
demi(e) *medio/a* m/f mé·dyo/a
dentiste *dentista* m et f dén·tis·ta
déodorant *desodorante* m dé·so·do·rann·té
départ *salida* f sa·li·da
derrière *detrás de* dé·tras dé
désert *desierto* m dé·syér·to
destination *destino* m dés·ti·no
deux *dos* m/f dos
deuxième *segundo/a* m/f sé·goun·do/a
  • **second(e)**
diabète *diabetes* m dya·bé·tés
diapositive *diapositiva* f dya·po·si·ti·ba
diarrhée *diarrea* f dya·ré·a
dictionnaire *diccionario* m dik·Syo·na·ryo
discothèque *discoteca* f dis·ko·té·ka
dîner *cena* f Sé·na
disque *disco* m dis·ko
distributeur automatique *cajero* m
  automático ka·Rhé·ro aou·to·ma·ti·ko
doigt *dedo* m dé·do
dormir *dormir* dor·mir
dos *espalda* f és·pal·da
douane *aduana* f a·dwa·na
douche *ducha* f dou·tcha
douleur *dolor* m do·lor
doux *dulce* m *doul·*Sé • **sucré**
drap *sábana* f sa·ba·na
droite (direction) *derecha* dé·ré·tcha
dur(e) *duro/a* m/f dou·ro/a

E

eau *agua* f a·gwa
  — **chaude** *agua caliente* a·gwa ka·lyén·té
  — **minérale** *agua mineral* a·gwa mi·né·ral
  — **plate** *agua sin gas* a·gwa sinn gas
  — **du robinet** *agua del grifo*
  a·gwa dêl gri·fo
échanger *cambiar* kamm·byar • **changer**

école *escuela* f és·kwé·la
écouter *escuchar* és·kou·tchar
écrire *escribir* és·kri·bir
égal(e) *igual* i·gwal
église *iglesia* f i·glé·sya
électricité *electricidad* f é·lék·tri·Si·da
éloigné(e) *remoto/a* m/f ré·mo·to/a
en dessous *abajo* a·ba·Rho
en excursion *de excursión* dé ék·skour·Syonn
en papier *de papel* dé pa·pél
encaisser (un chèque) *cobrar (un cheque)*
  ko·brar (oun tché·ké)
en-cas *tentempié* m tén·tém·pyé
enceinte *embarazada* ém·ba·ra·Sa·da
encore *otra vez* o·tra béS
enfant *niño/a* m/f ni·nyo/a
énorme *enorme* é·nor·mé
ennuyeux/ennuyeuse *aburrido/a* m/f
  a·bou·ri·do/a
embarquement *embarque* ém·bar·ké
ensemble *juntos/as* m/f pl Rhoun·tos/as
entre *entre* én·tré
entrer *entrar* én·trar
enveloppe *sobre* m so·bré
envoyer *enviar* én·byar
épaule *hombro* m omm·bro
épicerie *tienda* f *de artículos básicos* tyén·da
  dé ar·ti·kou·los ba·si·kos
épouse *esposa* f és·po·sa
équipement *equipo* m é·ki·po
  — **de plongée** *equipo* m *de inmersión*
  é·ki·po dé inn·mér·syonn
erreur *error* m é·rror
escalade *escalada* f és·ka·la·da
escalator *escalera* f *mecánica* és·ka·lé·ra
  mé·ka·ni·ka
escalier *escalera* f és·ka·lé·ra
espace *espacio* m és·pa·Syo
Espagne *España* f és·pa·nya
Espagnol(e) *Español/a* m/f és·pa·nyol/
  és·pa·nyo·la
essayer *probar* pro·bar

essence *gasolina* f ga·so·*li*·na
estomac *estómago* m és·*to*·ma·go
étage *piso* m *pi*·so
état civil *estado* m civil és·*ta*·do Si·bil
été *verano* m bé·ra·no
étiquette de bagage *etiqueta* f de equipaje é·ti·*ké*·ta dé é·ki·*pa*·Rhé
étranger/étrangère *extranjero/a* m/f ék·strann·*Rhé*·ro/a
étudiant(e) *estudiante* m et f és·tou·*dyann*·té
euro *euro* m *é*·ou·ro
Europe *Europa* f é·ou·*ro*·pa
Européen(ne) *Europeo/a* m/f é·ou·ro·*péo*·a
excédent de bagages *exceso* m de equipage ék·sé·so dé é·ki·*pa*·Rhé
excursion *excursión* f ék·skour·*syonn*
express *expreso/a* m/f ék·spré·so/a
extension (de visa) *prolongación* f pro·lonn·ga·*Syonn*
exposition *exposición* f ék·spo·si·*Syonn*

F

faim, avoir *tener hambre* té·nér amm·bré
fait main *hecho/a* m/f *a mano* é·tcho/a a *ma*·no
fatigué(e) *cansado/a* m/f kann·*sa*·do/a
fauteuil roulant *silla* f *de ruedas* si·lya dé rwé·das
femme *mujer* f mou·*Rhér*
fenêtre *ventana* f bén·*ta*·na
fer à repasser *plancha* f plann·tcha
fermé *cerrado/a* m/f Sé·ra·do/a
— à clé *cerrado/a con llave* Sé·ra·do/a konn *lya*·bé
fermer *cerrar* Sé·rar
festival *festival* m fés·ti·bal
fête *fiesta* f fyés·ta
feu *fuego* m fwé·go
feux de circulation *semáforos* m pl sé·*ma*·fo·ros
fiancé(e) *prometido/a* m/f pro·mé·*ti*·do/a

fièvre *fiebre* f fyé·bré
fille *chica* f tchi·ka
fils/fille *hijo/a* m/f *i*·Rho/a
fin *fin* m finn
fleur *flor* f flor
fleuriste *florista* m et f flo·*ris*·ta
fleuve *río* m ri·yo
forêt *bosque* m bos·ké
four *horno* m or·no
— micro-ondes *microondas* f mi·kro·*onn*·das
fourchette *tenedor* m té·né·*dor*
fragile *frágil* fra·Rhil
France *Francia* f frann·Sya
Français(e) *Francés/francesa* m/f frann·*Sés*/ frann·*Sé*·sa
frein *freno* m pl fré·no
frère *hermano* m ér·*ma*·no
froid(e) *frío/a* m/f fri·yo/a
fromage *queso* m ké·so
— frais *requesón* m ré·ké·*sonn*
frontière *frontera* f fronn·*té*·ra
fruit *fruta* f frou·ta
fumer *fumar* fou·*mar*
fumeurs *fumadores* fou·ma·*do*·rés
• non-fumeurs *no fumadores* no fou·ma·*do*·rés

G

gant de toilette *toallita* f to·a·*lyi*·ta
gants *guantes* m pl *gwann*·tés
garage (abri) *garage* m ga·ra·Rhé
• (atelier) *taller* m ta·*lyér*
garçon *chico* m tchi·ko
garderie *guardería* f gwar·dé·*ri*·ya
garde-robe *guardarropa* m gwar·da·*ro*·pa
gare *estación* f és·ta·*Syonn*
— ferroviaire *estación de tren* és·ta·*Syonn* dé trén
— routière *estación de ómnibuses* és·ta·*Syonn* dé omm·ni·bou·sés

Dictionnaire français/espagnol

gay *gay* géy
gaz *gas* m gass
genou *rodilla* f ro·di·lya
gilet de sauvetage *chaleco* m *salvavidas* tcha·*lé*·ko sal·ba·*bi*·das
gentil *amable* a·*ma*·blé
glace (à manger) *helado* m é·*la*·do
• **(glaçon)** *hielo* m yé·lo
gorge *garganta* f gar·*gann*·ta
gramme *gramo* m *gra*·mo
grand *grande* grann·dé
grand-mère *abuela* f a·*bwé*·la
grand-père *abuelo* m a·*bwé*·lo
gratuit *gratis* gra·tis
grille-pain *tostadora* f tos·ta·*do*·ra
grippe *gripe* f gri·pé
gris *gris* griss
gros(se) *gordo/a* m/f gor·do/a
grotte *cueva* f kwé·ba
guichet (cinéma, théâtre) *taquilla* f ta·*ki*·lya
guide *guía* m et f *gui*·ya
— **audio** *guía* m *audio* gui·ya aou·dyo
— **de conversation** *libro* m *de frases* li·bro dé *fra*·sés
— **des spectacles** *guía* m *de los espectáculos* gui·ya dé los és·pék·*ta*·kou·los

H

haut(e) *alto/a* m/f *al*·to/a
hamac *hamaca* f a·*ma*·ka
handicapé(e) *minusválido/a* m/f mi·nous·*ba*·li·do/a
heure *hora* f o·ra
heures d'ouverture *horas* f pl *de apertura* o·ras dé a·*pér*·tou·ra
hier *ayer* a·yér
homme *hombre* m omm·bré
homosexuel(le) *homosexual* o·mo·sék·swal
hôpital *hospital* m os·pi·tal
hôtel *hotel* m o·tél
horaire *horario* m o·ra·ryo
horloge *reloj* m ré·loRh

huile *aceite* m a·*séy*·té
— **d'olive** *aceite de oliva* a·séy·té dé o·*li*·ba

I

ici *aquí* a·ki
île *isla* f is·la
imperméable *impermeable* m imm·pér·mé·a·blé
inclus(e) *incluido/a* m/f inn·klou·*i*·do/a
indigestion *indigestion* f inn·di·Rhés·*tyonn*
infirmier/infirmière *enfermero/a* m/f en·fér·*mé*·ro/a
information *información* f inn·for·ma·*Syonn*
informatique *informática* f inn·for·*ma*·ti·ka
ingénieur *ingeniero* m inn·Rhé·*nyé*·ro
injection *inyección* f inn·yék·*Syonn*
insolation *insolación* m inn·so·la·*Syonn*
institut de beauté *salón* m *de belleza* sa·*lonn* dé bé·lyé·sa
Internet *Internet* m inn·tér·nét
interprète *intérprete* m et f inn·*tér*·pré·té
intoxication alimentaire *intoxicación alimenticia* f inn·tok·si·ka·*Syonn* a·li·mén·*ti*·Sya
itinéraire *itinerario* f i·ti·né·*ra*·ryo

J

jambe *pierna* f pyér·na
jambon *jamón* m Rha·*monn*
jardin *jardín* m Rhar·dinn
— **botanique** *jardín botánico* Rhar·dinn bo·*ta*·ni·ko
— **d'enfants** *jardín* m *de infancia* Rhar·dinn dé inn·*fann*·Sya • *kinder* m kinn·dér
jeu *juego* m Rhwé·go • **(sport)** *partido* m par·ti·do
— **vidéo** *juego* m *de computadora* Rhwé·go dé komm·pou·ta·*do*·ra

jogging *footing* m fou·*tinn*
jouer *jugar* Rhou·*gar*
jour *día* m di·ya
journal *periódico* m pé·*ryo*·di·ko
journaliste *periodista* m et f pé·ryo·*dis*·ta
juif/juive *judío/a* m/f Rhou·*di*·yo/a
jus *zumo* m Sou·mo
   — d'orange *zumo de naranja* Sou·mo dé
   na·*rann*·Rha
jupe *falda* f fal·da

K

kasher *kosher* ko·shér
kilogramme *kilo* m ki·lo
kilomètre *kilómetro* m ki·lo·mé·tro
kiosque *quiosco* m ki·os·ko

L

lac *lago* m la·go
laine *lana* f la·na
lait *leche* f lé·tché
   — de soja *leche de soya* lé·tché dé so·ya
   — écrémé *leche desnatada* lé·tché
   dés·na·ta·da
lame de rasoir *hoja* f *de afeitar* o·Rha dé
   a·féy·tar
langue *idioma* m i·*dyo*·ma
laver *lavar* la·bar
laverie *lavandería* f la·bann·dé·ri·ya
légal *legal* lé·gal
légume *verdura* f pl bér·*dou*·ra
   • **marchand(e) de légumes** *verdulero/a*
   m/f bér·dou·lé·ro/a
lentement *despacio* dés·pa·Syo
lentilles *lentejas* f pl lén·té·Rhas
   — de contact *lentes* f pl *de contacto*
   lén·tés dé konn·tak·to
lesbienne *lesbiana* f lés·bya·na

lettre *carta* f kar·ta
lever du jour *amanecer* m a·ma·né·Sér
lèvres *labios* m pl la·byos
librairie *librería* f li·bré·ri·ya
libre *libre* li·bré
ligne aérienne *aerolínea* f a·é·ro·li·né·a
liste d'attente *lista* f *de espera* lis·ta dé
   és·pé·ra
lit *cama* f ka·ma
   — double *cama de matrimonio* ka·ma dé
   ma·tri·*mo*·nyo
   — simple *cama individual* ka·ma
   inn·di·bi·dwal
lits jumeaux *dos camas* f pl dos ka·mas
livre *libro* m li·bro
location *alquiler* m al·ki·lér
   — de voiture *alquiler* m *de carro*
   al·ki·*lér*dé ka·ro
logement *alojamiento* m a·lo·Rha·*myén*·to
loin *lejos* lé·Rhos
long(ue) *largo/a* m/f lar·go/a
longue-distance *larga distancia* lar·ga
   dis·*tann*·sya
louer *alquilar* al·ki·lar
lumière *luz* f louss
lune *luna* f lou·na
   — de miel *luna* f *de miel* lou·na dé myél
lunettes *anteojos* m pl ann·té·o·Rhos
   — de soleil *anteojos de sol* ann·té·o·Rhos
   dé sol

M

machine *máquina* f ma·ki·na
   — à laver *lavadora* f la·ba·do·ra
magasin *tienda* f tyén·da
   — de chaussures *zapatería* f Sa·pa·té·ri·ya
   — de souvenirs *tienda de recuerdos* tyén·da
   dé ré·*kwér*·dos
   — de sport *tienda deportiva* tyén·da
   dé·por·*ti*·ba

EN DÉTAIL

— **de vêtements** *tienda de ropa* tyén·da dé *ro·pa*

— **grand magasin** *grande almacén* m grann·dé al·ma·Sén

maillot de bain *traje de baño* tra·Rhé dé *ba·*nyo • *malla de baño* ma·lya dé *ba·*nyo

main *mano* f *ma·*no

maintenant *ahora* a·o·ra

maison *casa* f *ka·*sa

mal *dolor* m *do·*lor

— **au ventre** *dolor de estómago* do·lor dé és·*to·*ma·go

— **de tête** *dolor de cabeza* do·lor dé ka·*bé·*Sa

— **des montagnes** *dolor soroche* m *do·*lor so·ro·tché

— **des transports/au cœur** *mareo* m ma·ré·o • **avoir mal au cœur** *estar mareado/a* m/f és·tar ma·ré·a·do/a

malade *enfermo/a* m/f én·fér·mo/a

manger *comer* ko·*mér*

manteau *abrigo* m a·*bri·*go

maquillage *maquillaje* m ma·ki·*lya·*Rhé

marché *mercado* m *mér·*ka·do

— **artisanal** *mercado de artesanía* *mér·*ka·do dé ar·té·sa·*ní·*ya

— **de rue** *feria* f *fé·*rya

marcher *caminar* ka·mi·nar

mariage *boda* f *bo·*da • **noces**

matelas *colchón* m kol·*tchonn*

matin *mañana* f ma·*nya·*na

mauvais(e) *malo/a* m/f *ma·*lo/a

méchant(e) *malo/a* m/f *ma·*lo/a

médecin *médico/a* m/f *mé·*di·ko/a

médicament *medicamento* m mé·di·ca·*men·*to

meilleur *mejor* mé·*Rhor*

menu *menú* m mé·*nou*

mer *mar* m mar

mère *madre* f *ma·*dré

message *mensaje* m mén·*sa·*Rhé

mètre *metro* m *mé·*tro

métro *subterráneo* m soub·té·ra·né·o

meuble *mueble* m mwé·*blé*

midi *mediodía* f mé·dyo·*di·*ya

minuit *medianoche* f mé·dya·no·tché

minute *minuto* m mi·*nou·*to

miroir *espejo* m és·pé·Rho

moins *menos* mé·nos

mois *mes* m més

monastère *monasterio* m mo·nas·té·ryo

monnaie *monedas* f pl mo·né·das

monnaie (rendue) *cambio* m kamm·byo • **change** • **échange**

montagne *montaña* f monn·ta·nya

montre *reloj de pulsera* ré·loRh dé poul·sé·ra

monument *monumento* m mo·nou·mén·to

mosquée *mezquita* f més·ki·ta

moteur *motor* m mo·tor

moto *motocicleta* f mo·to·Si·klé·ta

mouchoir *pañuelo* m pa·nywé·lo

mousse à raser *espuma de afeitar* és·pou·ma dé a·féy·tar

musée *museo* m mou·sé·o

musulman(e) *musulmán/musulmana* m/f mou·soul·*mann*/mou·soul·*ma·*na

N

nager *nadar* na·dar

nationalité *nacionalidad* f na·Syo·na·li·da

nature *naturaleza* f na·tou·ra·lé·Sa

nausée *náusea* f na·ou·sé·a

neige *nieve* f nyé·bé

nez *nariz* f na·ri S

Noël *Navidad* f na·bi·da

noir et blanc *blanco y negro* blann·ko i né·gro

nom *nombre* m nomm·bré • **prénom**

— **de famille** *apellido* m a·pé·lyi·do

nombre *número* m nou·mé·ro • **numéro**

non *no* no

nord *norte* m nor·té

notre *nuestro/a* m/f nwés·tro/a

nourriture *comida* f ko·mi·da

nouveau/nouvelle *nuevo/a* m/f nwé·*bo*/a
Nouvel An *Año Nuevo* m a·nyo nwé·*bo*
• **nuit de la Saint-Sylvestre** *Nochevieja* f
no·tché·*byé·Rha*
nouvelles (journal) *noticias* f pl no·*ti*·Syas
nuit *noche* f no·tché
numéro *número* m nú·mé·ro

O

objectif *objetivo* m ob·Rhé·*ti*·bo
occupé(e) *ocupado/a* m/f o·kou·*pa*·do/a
odeur *olor* m o·*lor*
œil *ojo* m o·Rho
office du tourisme *oficina de turismo*
o·fi·*Si*·na dé tou·*ris*·mo
ordinateur *computadora* f
komm·pou·ta·*do*·ra
— **portable** *computadora portátil*
komm·pou·ta·*do*·ra por·*ta*·til
oreille *oreja* f o·ré·*Rha*
où *donde* donn·dé
ouest *oeste* m o·és·té
oui *sí* si
ouvert(e) *abierto/a* m/f a·*byér*·to/a
ouvre-boîte *abrelatas* m a·bré·*la*·tas
ouvre-bouteille *abrebotellas* m
a·bré·bo·*té*·lyas

P

paiement *pago* m *pa*·go
pain *pan* m pann
— **au levain** *pan de masa fermentada*
pannéd *ma*·sa fér·mén·*ta*·da
— **blanc** *pan blanco* pann *blann*·ko
— **complet** *pan integral* pann inn·té·*gral*
— **de seigle** *pan de centeno* pann dé
Sén·*té*·no
palais *palacio* m pa·*la*·Syo
panne, en *averiado/a* m/f a·bé·*rya*·do/a
panorama *panorama* m pa·no·*ra*·ma

panoramique *panorámico/a* m/f
pa·no·*ra*·mi·ko/a
pantalon *pantalones* m pl pann·ta·*lo*·nés
papier *papel* m pa·*pél*
— **à cigarettes** *papel de fumar* pa·*pél* dé
fou·*mar*
— **hygiénique** *papel higiénico* pa·*pél*
i·*Rhyé*·ni·ko
papiers du véhicule *papeles* m pl *del auto*
pa·*pé*·lés dél *aou*·to
paquet *paquete* m pa·ké·té
par (jour) *por (día)* por (*di*·ya)
parapluie *paraguas* m pa·*ra*·gwas
parc *parque* m par·ké
— **national** *parque nacional* par·ké
na·Syo·*nal*
parents *padres* m pl pa·drés
parking *parking* m par·kinn
parler *hablar* a·*blar*
partager (avec) *compartir* komm·par·*tir*
partir de *salir de* sa·*lir* dé
passager/passagère *pasajero/a* m/f
pa·sa·*Rhé*·ro/a
passé *pasado* m pa·*sa*·do
passeport *pasaporte* m pa·sa·*por*·té
pâtisserie *pastelería* f pas·té·lé·*ri*·ya
payer *pagar* pa·*gar*
PCV, appel en *llamada* f *a cobro revertido*
lya·*ma*·da a *ko*·bro ré·*bér*·*ti*·do
pêche *pesca* f pés·ka
pêcher *pescar* pés·*kar*
peigne *peine* m péy·né
peintre *pintor(a)* m/f pinn·*tor*/pinn·*to*·ra
peinture *pintura* f pinn·*tou*·ra
pellicule *película* f pé·*li*·kou·la • **film**
pension *pensión* f pén·*syonn*
perdu(e) *perdido/a* m/f pér·*di*·do/a
père *padre* m pa·dré
permis de conduire *carnet* m kar·*nét*
petit(e) *pequeño/a* m/f pé·ké·nyo/a
petit(e) ami(e) *novio/a* m/f no·byo/a
petit déjeuner *desayuno* m dé·sa·*you*·no
petit-fils/petite-fille *nieto/a* m/f nyé·to/a

Dictionnaire français/espagnol

peu de *pocos/as* m/f pl *po·kos·as*

pharmacie *farmacia* f *far·ma·Sya*

photographe *fotógrafo/a* m/f *fo·to·gra·fo/a*
— **(magasin)** *tienda* f *de fotografía tyén·*da dé fo·to·gra·fí·ya

pièce (de théâtre) • **œuvre (d'art)** *obra* f *(de arte) o·*bra *de ar·té)*

pièce *habitación* a·bi·ta·*Syonn* • **chambre**

pied *pie* m *pyé*

pierre *piedra* f *pyé·*dra

pile *pila* f *pi·*la

pilule *pastilla* f *pas·ti·*lya
— **contraceptive** *píldora* f *pil·*do·ra
— **pour dormir** *pastillas* f pl *para dormir pas·ti·*lyas *pa·*ra dor·*mir*

pique-nique *picnic* m *pik·*nik

piscine *piscina* f *pi·Si·*na

piste *camino* m *ka·mi·*no • *pista* f *pis·*ta
— **cyclable** *camino* m *de bici* ka·*mi·*no dé *bi·Si*

place *plaza* f *pla·*Sa

plage *playa* f *pla·*ya

planche de surf *tabla* f *de surf* ta·bla dé sourf

plein(e) • **complet/complète** *lleno/a* m/f *lyé·*no/a

plongée *submarinismo* m *soub·ma·ri·nis·*mo

plus *más* mas

poisson (aliment) *pescado* m *pés·ka·*do • **(animal)** *pez* m *péS*

poissonnerie *pescadería* f *pés·ka·dé·rí·*ya

poitrine *pecho* m *pé·*tcho

police *policía* f *po·li·Si·*ya

pont *puente* m *pwén·*té

port *puerto* m *pwér·*to

porte *puerta* f *pwér·*ta

portefeuille *cartera* m *kar·té·*ra

poste (courrier) *correos* m pl *ko·ré·*os
— **aérienne** *correo* m *aéreo* ko·ré·o a·é·ré·o

potable *potable* po·ta·blé

poubelle *basura* f *ba·sou·*ra

poulet *pollo* m *po·*lyo

pourboire *propina* f *pro·pi·*na

premier/première *primero/a* m/f *pri·mé·*ro/a

prénom *nombre* m *nomm·*bré • **nom**

près *cerca* Sér·ka • **proche**

préservatif *condón* m *konn·donn*

prise (électrique) *enchufe* m *én·tchou·*fé

privé(e) *privado/a* m/f *pri·ba·*do/a

prix *precio* m *pré·*Syo
— **d'entrée** *precio de entrada* pré·Syo dé én·tra·da

prochain(e) *próximo/a* m/f *prok·si·*mo/a

professeur *profesor(a)* pro·fé·sor/pro·fé·so·ra

promenade *paseo* m *pa·sé·*o

propriétaire *dueño/a* m/f *dwé·*nyo/a, *propietario/propietaria* m/f *pro·pyé·ta·*ryo/ pro·pyé·ta·rya

public *público* pou·bli·ko

pull-over *chompa* f *tchomm·*pa • *jersey* m Rhér·séy • *suéter* m swé·ter

Q

qualité *calidad* f *ka·li·*da

quand *cuando* kwann·d

quantité *cantidad* kann·ti·da

quartier *barrio* m *ba·*ryo • *cuarto* m kwar·to

quelque *alguno/a* m/f sg al·*gou·*no/a • **un(e)**

qui *quien* kyén

quinzaine *quincena* f kinn·Sé·na

quotidien(ne) *diario/a* dya·ryo/a

R

radiateur *radiador* m *ra·dya·dor*

randonnée *excursionismo* m ék·skour·syo·nis·mo

rapide *rápido/a* m/f *ra·*pi·do/a

EN DÉTAIL

rare *raro/a* m/f *ra·ro/a*
rasoir *afeitadora* f a·féy·ta·do·ra
reçu *recibo* m ré·*Si*·bo
réduction *descuento* m dés·*kwén*·to
réfrigérateur *refrigeradora* f
 ré·fri·Rhé·ra·do·ra
religion *religión* f ré·li·*Rhyonn*
remboursement *reembolso* m ré·ém·*bol*·so
remise *descuento* m dés·*kwén*·to • réduction
rendez-vous *cita* f *Si*·ta
repos *descanso* m dés·*kann*·so
réservation *reserva* f ré·*sér*·ba
réserver *reservar* ré·sér·*bar*
restaurant *restaurante* m rés·taou·*rann*·té
retraité(e) *jubilado/a* m/f Rhou·bi·*la*·do/a
 • *pensionado/a* m/f pén·syo·*na*·do/a
réveil-matin *despertador* m dés·pér·ta·*dor*
revenir *volver* bol·*bér*
rhume *resfriado* rés·*frya*·do
rien *nada* na·da
rivière *río* m *ri*·yo
robe *vestido* m bés·*ti*·do
robinet *grifo* m *gri*·fo
roche *roca* f *ro*·ka
route *ruta* f *rou*·ta
rue *calle* f ka·*lyé*
ruines *ruinas* f pl *rwi*·nas

S

s'arrêter *parar* pa·*rar*
sable *arena* f a·*ré*·na
sac *saco* m *sa*·ko
 — à main *bolso* m *bol*·so
 — de couchage *bolso de dormir* *bol*·so
 dé dor·*mir*
 — à dos *mochila* f mo·*tchi*·la
saison *estación* f és·ta·*Syonn*
sal(e) *sucio/a* m/f sou·*Syo*/a

salle *sala* f *sa*·la
 — d'attente *sala de espera* sa·*la* dé és·*pé*·ra
 — de bain *baño* m *ba*·nyo
 — de transit *sala de tránsito* sa·*la* dé
 trann·si·to
sandales *sandalias* f pl sann
sang *sangre* f *sann*·gré
sans *sin* sinn
savon *jabón* m Rha·*bonn*
savoureux/savoureuse *sabroso/a* m/f
 sa·*bro*·so/a
seau *balde* m *bal*·dé
second(e) *segundo/a* m/f sé·*goun*·do/a
 seconde (temps) *segundo* m sé·*goun*·do
sel *sal* m sal
semaine *semana* f sé·*ma*·na
sentier *sendero* m sén·*dé*·ro
seringue *jeringa* f Rhé·*rinn*·ga
 • *jeringuilla* f Rhé·rinn·*gi*·lya
serrure *cerradura* f Sé·ra·*dou*·ra
serveur/serveuse *camarero/a* m/f
 ka·ma·*ré*·ro/a
service *servicio* m sér·*bi*·Syo
serviette *toalla* f to·a·*lya*
seul(e) *solo/a* m/f *so*·lo/a
sexe *sexo* m *sék*·so
shampoing *champú* m tchamm·*pou*
shopping, faire du *ir de compras* ir dé
 komm·pras
short *pantalones* m pl *cortos*
 pann·ta·*lo*·nés *kor*·tos
siège *asiento* m a·*syén*·to
signature *firma* f *fir*·ma
signe *señal* m sé·*nyal*
simple *individual* inn·di·bi·*dwal*
ski *esquí* m és·*ki*
 — nautique *esquí* m *acuático* és·*ki*
 a·*kwa*·ti·ko
slip *calzoncillos* m pl kal·*Sonn*·*Si*·lyos
snorkelling *buceo* m bou·*Sé*·o
sœur *hermana* f ér·*ma*·na

81

EN DÉTAIL

soie *seda* f sé·da
soif *sed* f sé • avoir soif *tener sed* f té·nér sé
soir *noche* f no·tché • nuit
soleil *sol* m sol
sombre *oscuro/a* m/f os·kou·ro/a
sommet *cumbre* f koum·bré
sortie *salida* f sa·li·da
sortir (avec) *salir (con)* sa·lir (konn)
sous-titres *subtítulos* m pl soub·ti·tou·los
sous-vêtements *ropa interior* ro·pa inn·té·ryor
souvenir *recuerdo* m ré·kwér·do
spectacle *espectáculo* m és·pék·ta·kou·lo
sports *deportes* m pl dé·por·tés
stade *estadio* m és·ta·dyo
station *estación* f és·ta·Syonn
— de bus *estación de autobuses* és·ta·Syonn dé aou·to·bou·sés
— de métro *estación de subterráneo* és·ta·Syonn dé soub·té·ra·né·o
station-service *gasolinera* f ga·so·li·né·ra
statue *estatua* f és·ta·twa
stop, faire du *hacer dedo* a·sér dé·do
stylo (bille) *bolígrafo* m bo·li·gra·fo
sucre *azúcar* m a·Sou·kar
— de canne *caña* f *de azúcar* ka·nya dé a·Sou·kar
sucré *dulce* m doul·Sé • doux
sud *sur* m sour
Suisse (pays) *Suiza* soui·za
Suisse (nationalité) *Suizo/a* soui·zo/a
supermarché *supermercado* m sou·pér·mér·ka·do
surf *surf* m sourf
synagogue *sinagoga* f si·na·go·ga

T

tabac *tabaco* m ta·ba·ko
table *mesa* f mé·sa

taie d'oreiller *funda* f *de almohada* foun·da dé al·mo·a·da
taille (vêtements) *talla* f ta·lya
tailleur (métier) *sastre* m sas·tré
tard *tarde* tar·dé • après-midi
taureau *toro* m to·ro
taux *tipo* m ti·po • *tasa* f ta·sa
— de change *tasa de cambio* ta·sa dé kamm·byo
taxe d'aéroport *tasa* f *del aeropuerto* ta·sa déla·é·ro·pwér·to
taxi *taxi* m tak·si • borne de taxi *parada* f *de taxis* pa·ra·da dé tak·sis
téléphone *teléfono* m té·lé·fo·no
— portable *teléfono móvil/celular* té·lé·fo·no mo·bil/Sé·lou·lar
— public *teléfono público* té·lé·fo·no pou·bli·ko
température *temperatura* f tém·pé·ra·tou·ra
temple *templo* m tém·plo
temps *tiempo* m tyém·po • de temps en temps *de vez en cuando* dé béS én kwann·do
tente *carpa* f kar·pa
tête *cabeza* f ka·bé·Sa
tétine *chupete* m tchou·pé·té
thé *té* m té
théâtre *teatro* m té·a·tro
tiède *templado/a* m/f tém·pla·do/a
timbre *sello* m sé·lyo
tire-bouchon *sacacorchos* m sa·ka·kor·tchos
toast *tostada* f tos·ta·da
toilettes *baño* m • *servicios* m pl ba·nyo • sér·bi·Syos
tôt *temprano* tém·pra·no
tour *torre* f to·ré
touriste *turista* m et f tou·ris·ta
tout *todo* to·do
toux *tos* f toss

traduire *traducir* tra·dou·*Sir*
trafic *tráfico* m tra·fi·ko
train *tren* m trén
tramway *tranvía* m trann·bi·ya
tranquille *tranquilo/a* m/f trann·*ki*·lo/a
transport *transporte* m tranns·*por*·té
travail *trabajo* m tra·*ba*·Rho
très *muy* mouy
trop *demasiado* dé·ma·*sya*·do
trousse de premiers secours *maletín* m de *primeros auxilios* ma·lé·*tinn* dé pri·*mé*·ros aou·*si*·lyos
T-shirt *camiseta* f ka·mi·*sé*·ta
TV *tele* f té·lé

U

un(e) *alguno/a* m/f sg al·*gou*·no/a
  • **quelque**
urgence *emergencia* f é·mér·*Rhén*·Sya
urgent *urgente* our·*Rhén*·té

V

vacances *vacaciones* f pl ba·ka·*Syo*·nés
vaccination *vacuna* f ba·*kou*·na
vague *ola* f o·la
valise *maleta* f ma·*lé*·ta
vallée *valle* m ba·lyé
végétalien(ne) *vegetariano/a estricto/a* m/f bé·Rhé·ta·*rya*·no/a és·*trik*·to/a
végétarien(ne) *vegetariano/a* m/f bé·Rhé·ta·*rya*·no/a
veine *vena* f bé·na
vélo *bici* m bi·Si • **faire du vélo** *andar en bicicleta* ann·*dar* én bi·Si·*klé*·ta
venir *venir* bé·*nir*
vent *viento* m byén·to
ventilateur *ventilador* m bén·ti·la·*dor*

verre *vaso* m ba·so
veste *chaqueta* f tcha·*ké*·ta
vestiaire *vestuario* m bés·*twa*·ryo
  • **garde-robe**
vêtements *ropa* f ro·pa • **sous-vêtements** *ropa interior* ro·pa inn·té·*ryor*
viande *carne* f kar·né
vide *vacío/a* m/f ba·*Si*·yo/a
vieux/vieille *viejo/a* m/f byé·Rho/a
vignoble *viñedo* m bi·*nyé*·do
village *pueblo* m *pwé*·blo
ville *ciudad* f Syou·*da*
vin *vino* m bi·no • **bar à vin** *bodega* f bo·*dé*·ga
  — **blanc** *vino* m *blanco* bi·no blann·ko
  — **rouge** *vino* m *tinto* bi·no tinn·to
  — **pétillant** *vino* m *espumoso* bi·no és·pou·*mo*·so
vinaigre *vinagre* m bi·*na*·gré
visa *visado* m bi·sa·do
visage *cara* f ka·ra
visite guidée *recorrido* m *guiado* ré·ko·*ri*·do gui·*ya*·do
visiter *visitar* bi·si·*tar*
vite *pronto* pronn·to
voiture *coche* m ko·tché
vol domestique *vuelo* m *doméstico* bwé·lo do·*més*·ti·ko
voyager *viajar* bya·*Rhar*
VTT *bicicleta* f *de montaña* bi·Si·*klé*·ta dé monn·*ta*·nya
vue *vista* f bis·ta

W

wagon *coche* m ko·tché
  — **-lit** *coche cama* m ko·tché ka·ma
  — **restaurant** *vagón* m *restaurante* ba·*gonn* rés·taou·*rann*·té
week-end *fin* m *de semana* finn dé sé·*ma*·na

B Dictionnaire espagnol/français

Dans ce dictionnaire, le genre des noms est indiqué par un m (masculin) ou un f (féminin). Lorsque le nom est au pluriel, cela est signalé par l'abréviation pl. Lorsqu'aucun genre n'est indiqué, il s'agit d'un adjectif ou d'un verbe.

A

a bordo a bor·do *à bord*
abajo a·ba·Rho *en dessous*
abierto/a m/f a·byér·to/a *ouvert*
abogado/a m/f a·bo·ga·do/a *avocat (profession)*
abrebotellas m a·bré·bo·té·lyas *ouvre-bouteille*
abrelatas m a·bré·la·tas *ouvre-boîte*
abuela f a·bwé·la *grand-mère*
abuelo m a·bwé·lo *grand-père*
aburrido/a m/f a·bou·ri·do/a *ennuyeux/ennuyeuse*
accidente m ak·Si·dén·té *accident*
aceite m a·Séy·té *huile*
 — de oliva a·Séy·té dé o·li·ba *huile d'olive*
acondicionador m a·konn·di·Syo·na·dor *climatiseur*
adaptador m a·dap·ta·dor *adaptateur*
aduana f a·dwa·na *douane*
aerolínea f a·é·ro·li·né·a *ligne aérienne*
aeropuerto m a·é·ro·pwér·to *aéroport*
afeitadora f a·féy·ta·do·ra *rasoir*
agencia f de viajes a·Rhén·sya dé bya·Rhés *agence de voyages*
agua f a·gwa *eau*
 — mineral a·gwa mi·né·ral *eau minérale*
ahora a·o·ra *maintenant*
albergue m juvenil al·bér·gé Rhou·bé·nil *auberge de jeunesse*
alergia f a·lér·Rhya *allergie*
algodón m al·go·donn *coton*
alguno/a m/f sg al·gou·no/a *un/une, quelque*
almuerzo m al·mwér·so *déjeuner*
alojamiento m a·lo·Rha·myén·to *logement*

alquilar al·ki·lar *louer*
alto/a m/f al·to/a *haut(e)*
amable a·ma·blé *aimable*
amanecer m a·ma·né·sér *lever du jour*
ampolla f amm·po·lya *ampoule*
analgésicos m pl a·nal·Rhé·si·kos *analgésiques*
Año Nuevo m a·nyo nwé·bo *Nouvel An*
anteayer ann·té·a·yér *avant-hier*
antibióticos m pl ann·ti·byo·ti·kos *antibiotiques*
antigüedad f ann·ti·gwé·da *antiquité*
antiséptico m ann·ti·sép·ti·ko *antiseptique*
apellido m a·pé·lyi·do *nom de famille*
aquí a·ki *ici*
arte m ar·té *art*
artesanía f ar·té·sa·ni·ya *artisanat*
ascensor m a·Sén·sor *ascenseur*
asiento m a·syén·to *siège*
aspirina f as·pi·ri·na *aspirine*
autobús m aou·to·bous *autobus*
autopista f aou·to·pis·ta *autoroute*
avión m a·byonn *avion*
ayer a·yér *hier*

B

bailar bay·lar *danser*
bajo/a m/f ba·Rho/a *bas • petit (hauteur)*
baño m ba·nyé·ra *bain • salle de bains • toilettes*
barato/a m/f ba·ra·to/a *bon marché*
Belga m et f bél·ga *Belge*
Bélgica f bél·Rhi·ka *Belgique*
biblioteca f bi·blyo·té·ka *bibliothèque*
blanco y negro blann·ko i né·gro *noir et blanc*

boca f *bo·*ka *bouche*

billetes m pl **de banco** bi·*lyé*·tés dé *bann*·ko
   billets de banque

boca f *bo·*ka *bouche*

boda f *bo·*da *mariage, noces*

bodega f bo·*dé*·ga *cave à vin, bar à vin*

bolígrafo m bo·*li·*gra·fo *stylo (bille)*

bolso m *bol*·so *sac (en général)*
   • *sac à main*

bosque m *bos·*ké *forêt*

botella f bo·*té·*lya *bouteille*

brazo m *bra*·So *bras*

bueno/a m/f *bwé*·no/a *bon(ne)*

C

cabeza f ka·*bé·*sa *tête*

cada *ka·*da *chacun*

café m ka·*fé café*

caja f *ka·*Rha *caisse*
   — **fuerte** *ka·*Rha fwér·té *coffre-fort*
   — **registradora** *ka·*Rha ré·Rhis·tra·*do·*ra
      caisse enregistreuse

cajero m **automático** ka·*Rhé·*ro
   aou·to·*ma·*ti·ko *distributeur automatique*

caliente ka·*lyén*·té *chaud*

calle f *ka·*lyé *rue*

calor m ka·*lor chaleur*

cama f *ka·*ma *lit*
   — **de matrimonio** *ka·*ma dé ma·tri·*mo·*nyo
      lit double
   — **individual** *ka·*ma inn·di·bi·*dwal
      lit simple

cámara f (**fotográfica**) *ka·*ma·ra
   (fo·to·*gra·*fi·ka) *appareil (-photo)*

camarero/a m/f ka·ma·*ré·*ro/a
   serveur/serveuse

cambiar kamm·*byar changer* • *échanger*

cambio m *kamm*·byo *monnaie (rendue)*
   • *change* • *échange*

caminar ka·mi·*nar marcher*

camisa f ka·*mi*·sa *chemise*

camiseta f ka·mi·*sé·*ta *maillot* • *T-shirt*

cámping m *kamm*·pinn *camping*

campo m *kamm*·po *campagne*

Canadá m ka·na·*da Canada*

Canadiense m et f ka·na·*dién*·sé
   Canadien(ne)

cancelar kann·Sé·*lar annuler*

candado m kann·*da·*do *cadenas*

cansado/a m/f kann·*sa·*do/a *fatigué(e)*

cara f *ka·*ra *visage*

carne f *kar·*nét *viande*

carnet m kar·*nét permis de conduire*

carnicería f kar·ni·Sé·*ri·*ya *boucherie*

caro/a m/f *ka·*ro/a *cher/chère*

castillo m kas·*ti·*lyo *château*

catedral f ka·té·*dral cathédrale*

cena f *Sé·*na *dîner*

centro m *Sén*·tro *centre*
   — **comercial** *Sén*·tro ko·mér·*Syal*
      centre commercial
   — **de la ciudad** *Sén*·tro dé la *Syou·*da
      centre-ville

cerca *Sér·*ka *près* • *proche*

cerrado/a m/f *Sé·*ra·do/a *fermé*
   — **con llave** *Sé·*ra·do/a konn *lya·*bé
      fermé à clé

cerradura f *Sé·*ra·dou·ra *serrure*

cerrar *Sé·*rar *fermer*

cerveza f *Sér·*bé·Sa *bière*

chaqueta f tcha·*ké·*ta *veste*

cheque m *tché·*ké *chèque*
   — **de viajero** *tché·*ké dé bya·*Rhé·*ro *chèque*
      de voyage

chica f *tchi·*ka *fille*

chico m *tchi·*ko *garçon*

cibercafé m Si·bér·ka·*fé cybercafé*

cigarillo m Si·ga·*ri·*lyo *cigarette*

cigarro m Si·*ga·*ro *cigare*

EN DÉTAIL

cine m *Si·né* cinéma
circo m *Sir·ko* cirque
ciudad f *Syou·da* ville
clase *kla·sé* classe
— **preferente** *kla·sé pré·fé·rén·té* classe affaire
— **turística** *kla·sé tou·ris·ti·ka* classe économique
coche m *ko·tché* voiture
— **cama** *ko·tché ka·ma* wagon-lit
cocina f *ko·Si·na* cuisine
cocinar *ko·Si·nar* cuisiner
cocinero/a m/f *ko·Si·né·ro/a* cuisinier/cuisinière
código m **postal** *ko·di·go pos·tal* code postal
comer *ko·mér* manger
comerciante m et f *ko·mér·Syann·té* commerçant
comida f *ko·mi·da* nourriture
comisaría f *ko·mi·sa·ri·ya* commissariat
cómodo/a m/f *ko·mo·do/a* confortable
cómpact m *komm·pakt* CD
compañero/a m/f *komm·pa·nyé·ro/a* compagnon/compagne
compartir *komm·par·tir* partager (avec)
comprar *komm·prar* acheter
con *konn* avec
concierto m *konn·Syér·to* concert
conducir *konn·dou·Sir* conduire
consigna f *konn·si·nya* consigne
consulado m *konn·sou·la·do* consulat
corazón m *ko·ra·Sonn* cœur
correo m *ko·ré·o* courrier
— **certificado** *ko·ré·o Sér·ti·fi·ka·do* courrier en recommandé
— **urgente** *ko·ré·o our·Rhén·té* courrier urgent
correos m pl *ko·ré·os* bureau de poste
corrida f *ko·ri·da* corrida
cortar *kor·tar* couper

corto/a m/f *kor·to/a* court(e)
costar *kos·tar* coûter
crema f *kré·ma* crème
— **hidratante** *kré·ma i·dra·tann·té* crème hydratante
— **solar** *kré·ma so·lar* crème solaire
cuaderno m *kwa·dér·no* cahier
cuando *kwann·do* quand
cubiertos m pl *kou·byér·tos* couverts
cuchara f *kou·tcha·ra* cuillère
cucharita f *kou·tcha·ri·ta* petite cuillère
cuchillo m *kou·tchi·lyo* couteau
cuenta f *kwén·ta* compte • addition
— **bancaria** *kwén·ta bann·ka·rya* compte bancaire
cuero m *kwé·ro* cuir
cumpleaños m *koum·plé·a·nyos* anniversaire

D

dedo m *dé·do* doigt
defectuoso/a m/f *dé·fék·two·so/a* défectueux/défectueuse
demasiado (caro/a) m/f *dé·ma·sya·do (ka·ro/a)* trop (cher/chère)
derecha *dé·ré·tcha* droite (direction)
desayuno m *dé·sa·you·no* petit déjeuner
descanso m *dés·kann·so* repos
descuento m *dés·kwén·to* réduction
despacio *dés·pa·Syo* lentement
despertador m *dés·pér·ta·dor* réveil-matin
después de *dés·pwés dé* après
detrás de *dé·tras dé* derrière
día m *di·ya* jour
diapositiva f *dya·po·si·ti·ba* diapositive
diariamente *dya·rya·mén·té* quotidien
dinero m *di·né·ro* argent
— **en efectivo** *di·né·ro én é·fék·ti·bo* argent liquide

dirección f di·rék·*Syonn* adresse
disco m *dis*·ko disque
dólar m *do*·lar dollar
dolor m do·*lor* douleur
  — **de cabeza** do·*lor* dé ka·*bé*·Sa
  mal de tête
  — **de estómago** do·*lor* dé és·*to*·ma·go
  mal au ventre
donde *donn*·dé où
dormir dor·*mir* dormir
dos m/f dos deux
  — **camas** f pl dos *ka*·mas lits jumeaux
ducha f *dou*·tcha douche
dulce m *doul*·Sé doux • sucré
duro/a m/f *dou*·ro/a dur(e)

E

edificio m é·di·*fi*·Syo bâtiment
embajada f ém·ba·*Rha*·da ambassade
embarazada ém·ba·ra·*Sa*·da enceinte
enfermero/a m/f én·fér·*mé*·ro/a
  infirmier/infirmière
enfermo/a m/f én·*fér*·mo/a malade
entrar én·*trar* entrer
enviar én·*byar* envoyer
equipaje m é·ki·*pa*·Rhé bagages
escalera f és·ka·*lé*·ra escalier
Escocia és·*ko*·Sya Écosse
escribir és·kri·*bir* écrire
escuchar és·kou·*tchar* écouter
escuela f és·*kwé*·la école
espalda f és·*pal*·da dos
espectáculo m és·pék·*ta*·kou·lo spectacle
esperar és·pé·*rar* attendre
esposa f és·*po*·sa épouse
espuma f **de afeitar** és·*pou*·ma dé a·*féy*·tar
  mousse à raser
esquí m és·*ki* ski

éste/a m/f és·té/a ça, cela
estómago m és·*to*·ma·go estomac
estudiante m et f és·tou·*dyann*·té étudiant(e)
excursión f ék·skour·*syonn* excursion
exposición f ék·spo·si·*Syonn* exposition
extranjero/a m/f ék·strann·*Rhé*·ro/a
  étranger/étrangère

F

facturación f fak·tou·ra·*Syonn* enregistrement
  (aéroport)
falda f *fal*·da jupe
farmacia f far·*ma*·Sya pharmacie
fecha f *fé*·tcha date
  — **de nacimiento** *fé*·tcha dé na·Si·*myén*·to
  date de naissance
fiebre f *fyé*·bré fièvre
fiesta f *fyés*·ta fête
fotógrafo/a m/f fo·*to*·gra·fo/a
  photographe
Francés/Francesa m/f frann·*Sés*/a Français(e)
Francia f *frann*·Sia France
frágil *fra*·Rhil fragile
freno m pl *fré*·no frein
frío/a m/f *fri*·yo/a froid(e)
frontera f fronn·*té*·ra frontière
fruta f *frou*·ta fruit
fumar fou·*mar* fumer
fumadores fou·ma·*do*·rés fumeurs
  • **no fumadores** no fou·ma·*do*·rés non-
  fumeurs

G

garganta f gar·*gann*·ta gorge
gasolina f ga·so·*li*·na essence
gasolinera f ga·so·li·*né*·ra station-service
gay géy gay

gordo/a m/f *gor·*do/a *gros(se)*
grande m et f *grann·dé grand(e)*
gratis *gra·*tis *gratuit*
grifo m *gri·*fo *robinet*
gripe f *gri·*pé *grippe*
gris griss *gris*
guardarropa m *gwar·*da·ro·pa *garde-robe*
guardería f *gwar·dé·*ri·ya *garderie*
guía f g *i·*ya *guide*

H

habitación a·bi·ta·*Syonn pièce • chambre*
 — doble a·bi·ta·*Syonn* do·*blé chambre double*
 — individual a·bi·ta·*Syonn* inn·di·bi·*dwal chambre simple*
hablar a·*blar parler*
helado m é·*la·*do *glace*
hermana f ér·*ma·*na *sœur*
hermano m ér·*ma·*no *frère*
hermoso/a m/f ér·*mo·*so/a *beau/belle*
hielo m yé·*lo glace*
hija f *i·*Rha *fille*
hijo m *i·*Rho *fils*
hombre m omm·*bré homme*
hombro m omm·*bro épaule*
hora f o·*ra heure*
horario m o·*ra·*ryo *horaire*
hoy oy *aujourd'hui*

I

idioma m i·*dyo·*ma *langue*
iglesia f i·*glé·*sya *église*
impermeable m imm·pér·mé·*a·*blé *imperméable*
incluido/a m/f inn·klou·*i·*do/a *inclus(e)*
informática f inn·for·*ma·*ti·ka *informatique*

ingeniero/a m/f inn·Rhé·nyé·ro/a *ingénieur*
Inglaterra inn·gla·té·ra *Angleterre*
inglés m inn·*glés anglais (langue)*
ir ir *aller*
 — de compras ir dé komm·pras *aller faire des courses*
 — de excursión ir dé ék·skour·syonn *aller en excursion*
isla f *is·*la *île*

J

jabón m Rha·*bonn savon*
joyería f Rho·yé·*ri·ya bijouterie*
juntos/as m/f pl *Rhoun·*tos/as *ensemble*

L

lago m *la·*go *lac*
lana f *la·*na *laine*
lápiz m *la·*piS *crayon*
 — de labios *la·*piS dé *la·*byos *rouge à lèvres*
largo/a m/f *lar·*go/a *long(ue)*
lavandería f la·bann·dé·*ri·*ya *blanchisserie*
lavar la·*bar laver*
leche f lé·*tché lait*
lejos lé·*Rhos loin*
libre *li·*bré *libre*
librería f *li·*bré·ri·ya *librairie*
libro m *li·*bro *livre*
llave f *lya·*bé *clé*
llegada f lyé·*ga·*da *arrivée*
llegadas f pl lyé·*ga·*das *arrivées*
llegar lyé·*gar arriver*
lleno/a m/f lyé·*no/*a *plein(e)*
 • *complet/complète*
luz f louS *lumière*

Dictionnaire espagnol/français P

M

madre f *ma*-dré mère
maleta f ma-*lé*-ta valise
malo/a m/f *ma*-lo/a méchant(e) • mauvais(e)
mano f *ma*-no main
mapa m *ma*-pa carte • plan
maquillaje m ma-ki-*lya*-Rhé maquillage
matrícula f ma-*tri*-kou-la immatriculation
medio/a m/f *mé*-dyo/a demi(e)
mejor mé-*Rhor* meilleur
mercado m mér-*ka*-do marché
mochila f mo-*tchi*-la sac à dos
monedas f pl mo-*né*-das monnaie
montaña f monn-*ta*-nya montagne
motocicleta f mo-to-Si-*klé*-ta moto
mueble m *mwé*-blé meuble
mujer f mou-*Rhér* femme
multa f *moul*-ta amende
museo m mou-*sé*-o musée
— **de arte** mou-*sé*-o dé *ar*-té galerie d'art

N

nada *na*-da rien
nadar na-*dar* nager
nariz f na-*riS* nez
navaja f na-*ba*-Rha couteau pliant
Navidad f na-bi-*da* Noël
negocio m né-*go*-Syo commerce
nieto/a m/f nyé-to/a petit-fils/petite-fille
nieve f nyé-bé neige
niño/a m/f *ni*-nyo/a enfant
no no non
noche f *no*-tché soir • nuit
Nochevieja f no-tché-*byé*-Rha nuit de la Saint-Sylvestre
nombre m *nomm*-bré nom • prénom
norte m *nor*-té nord
noticias f pl no-*ti*-Syas nouvelles (journal)

novia f *no*-bya petite amie
novio m *no*-byo petit ami
nuestro/a m/f nwés-tro/a notre
nuevo/a m/f nwé-bo/a nouveau/nouvelle
número m *nou*-mé-ro nombre • numéro

O

objetivo m ob-Rhé-*ti*-bo objectif
obra f o-bra pièce (de théâtre) • œuvre (d'art)
ocupado/a m/f o-kou-*pa*-do/a occupé(e)
oeste m o-*és*-té ouest
oficina f o-fi-*Si*-na bureau
— **de objetos perdidos** o-fi-*Si*-na dé ob-Rhé-tos pér-*di*-dos bureau des objets trouvés
— **de turismo** o-fi-*Si*-na dé tou-*ris*-mo office du tourisme
ojo m o-*Rho* œil
olor m ò-*lor* odeur
oreja f o-*ré*-Rha oreille
oscuro/a m/f os-*kou*-ro/a sombre
otra vez o-tra béS encore
otro/a m/f o-*tro*/a autre

P

padre m *pa*-dré père
padres m pl *pa*-drés parents
pagar pa-*gar* payer
pago m *pa*-go paiement
palacio m pa-*la*-Syo palais
pan m pann pain
panadería f pa-na-dé-*ri*-ya boulangerie
pañal m pa-*nyal* couche (pour bébés)
pantalones m pl pann-ta-*lo*-nés pantalon
— **cortos** pann-ta-*lo*-nés *kor*-tos short
pañuelo m pa-*nywé*-lo mouchoir
— **de papel** pa-*nywé*-lo dé pa-*pél* mouchoir en papier

EN DÉTAIL

89

papel m pa·*pél* papier
— **higiénico** pa·*pél* i·*Rhyé*·ni·ko papier hygiénique
papeles m pl **del auto** pa·*pé*·lés dél *aou*·to papiers du véhicule
paquete m pa·*ké*·té paquet
parada f pa·*ra*·da arrêt
— **de autobús** pa·*ra*·da dé aou·to·*bous* arrêt d'autobus
— **de taxis** pa·*ra*·da dé *tak*·sis arrêt de taxis
paraguas m pa·*ra*·gwas parapluie
parar pa·*rar* s'arrêter
parque m *par*·ké parc
pasado m pa·*sa*·do passé
pasajero/a m/f pa·sa·*Rhé*·ro/a passager/passagère
pasaporte m pa·sa·*por*·té passeport
Pascua f *pas*·kwa Pâques
pastelería f pas·té·lé·*ri*·ya pâtisserie
pastilla f pas·*ti*·lya pilule
pastillas f pl pas·*ti*·lyas pilules
pato m *pa*·to canard
pecho m *pé*·tcho poitrine
película f pé·*li*·kou·la pellicule • film
peligroso/a m/f pé·li·*gro*·so/a dangereux/dangereuse
peluquero/a m/f pé·lou·*ké*·ro/a coiffeur/coiffeuse
pensión f pén·*syonn* pension
pequeño/a m/f pé·*ké*·nyo/a petit(e)
perdido/a m/f pér·*di*·do/a perdu(e)
periódico m pé·*ryo*·di·ko journal
periodista m et f pé·ryo·*dis*·ta journaliste
pesca f *pés*·ka pêche
pescar pés·*kar* pêcher
pescadería f pés·ka·dé·*ri*·ya poissonnerie
pescado m *pés*·ka·do poisson (aliment)
pez m péS poisson (animal)
pie m pyé pied

pierna f *pyér*·na jambe
pila f *pi*·la pile
pintor(a) m/f pinn·*tor*/pinn·*to*·ra peintre
pintura f pinn·*tou*·ra peinture
piscina f pi·*Si*·na piscine
plancha f *plann*·tcha repassage
plata f *pla*·ta argent
playa f *pla*·ya plage
plaza f *pla*·Sa place
— **de toros** *pla*·Sa dé *to*·ros arène
policía f po·li·*Si*·ya police
pollo m *po*·lyo poulet
precio m pré·*Syo* prix
— **del cubierto** *pré*·Syo dél kou·*byér*·to prix du couvert (restaurant)
— **de entrada** *pré*·Syo dé énn·*tra*·da prix d'entrée
primavera f pri·ma·*bé*·ra printemps
primero/a m/f pri·*mé*·ro/a premier/première
privado/a m/f pri·*ba*·do/a privé(e)
probar pro·*bar* essayer
productos congelados pro·*douk*·tos konn·*Rhé*·la·dos produits congelés
profesor(a) pro·fé·*sor*/pro·fé·*so*·ra professeur
prometido/a m/f pro·mé·*ti*·do/a fiancé(e)
pronto *pronn*·to vite
propina f pro·*pi*·na pourboire
pub m poub pub (bar)
pueblo m *pwé*·blo village
puente m *pwén*·té pont
puesta f **del sol** *pwés*·ta dél sol coucher de soleil

Q

quemadura f ké·ma·*dou*·ra brûlure
— **de sol** ké·ma·*dou*·ra dé sol coup de soleil
queso m *ké*·so fromage
quien kyén qui

quincena f kinn·*Sé*·na *quinzaine*
quiosco m ki·*yos*·ko *kiosque*

R

rápido/a m/f ra·pi·do/a *rapide*
raro/a m/f *ra*·ro/a *rare*
recibo m ré·*Si*·bo *reçu*
recorrido m **guiado** ré·ko·*ri*·do gi·*ya*·do *visite guidée*
recuerdo m ré·*kwér*·do *souvenir*
reembolso m ré·ém·*bol*·so *remboursement*
regalo m ré·*ga*·lo *cadeau*
reloj m ré·*loRh horloge*
    — **de pulsera** ré·*loRh* dé poul·*sé*·ra *montre*
reserva f ré·*sér*·ba *réservation*
reservar ré·sér·*bar réserver*
resfriado rés·*frya*·do *rhume*
rodilla f ro·*di*·lya *genou*
ropa f *ro*·pa *vêtements*
    — **de cama** *ro*·pa dé *ka*·ma *linge de lit*
    — **interior** *ro*·pa inn·té·*ryor sous-vêtements*
roto/a m/f *ro*·to/a *cassé(e)*
ruidoso/a m/f rwi·*do*·so/a *bruyant(e)*
ruinas f pl *rwi*·nas *ruines*

S

sábana f *sa*·ba·na *drap*
sabroso/a m/f sa·*bro*·so/a *savoureux/savoureuse*
saco m *sa*·ko *sac*
    — **de dormir** *sa*·ko dé dor·*mir sac de couchage*
sala f *sa*·la *salle*
    — **de espera** sa·*la* dé és·pé·ra *salle d'attente*
salida f sa·*li*·da *départ • sortie*
salir (con) sa·*lir* (konn) *sortir (avec)*

salir de sa·*lir* dé *partir de*
salón m **de belleza** sa·*lonn* dé bé·lyé·*Sa institut de beauté*
sangre f sann·*gré sang*
sastre m *sas*·tré *tailleur (métier)*
seda f *sé*·da *soie*
segundo m sé·*goun*·do *seconde (temps)*
segundo/a m/f sé·*goun*·do/a *deuxième, second(e)*
seguro m sé·*gou*·ro *assurance*
sello m sé·*lyo timbre*
semáforos m pl sé·*ma*·fo·ros *feux de circulation*
sendero m sén·*dé*·ro *sentier*
servicio m sér·*bi*·Syo *service*
sexo m *sék*·so *sexe*
silla f *si*·lya *chaise*
    — **de ruedas** *si*·lya dé *rwé*·das *chaise roulante*
sin sinn *sans*
sobre m so·*bré enveloppe*
sol m sol *soleil*
solo/a m/f *so*·lo/a *seul(e)*
soltero/a m/f sol·té·ro/a *célibataire*
sombrero m somm·*bré*·ro *chapeau*
subtítulos m pl soub·*ti*·tou·los *sous-titres*
sucio/a m/f *sou*·Syo/a *sal(e)*
suegra f *swé*·gra *belle-mère*
suegro m *swé*·gro *beau-père*
Suiza f *swi*·sa *Suisse (pays)*
Suizo/a m/f *swi*·so/a *Suisse (nationalité)*
supermercado m sou·pér·mér·*ka*·do *supermarché*
sur m sour *sud*

T

talla f *ta*·lya *taille (vêtements)*
taquilla f ta·*ki*·lya *guichet*
tarde *tar*·dé *tard • après-midi*

tarjeta f tar-*Rhé*-ta *carte*
— **de crédito** tar-*Rhé*-ta dé kré-di-to *carte de crédit*
— **de embarque** tar-*Rhé*-ta dé ém-bar-ké *carte d'embarquement*
— **de teléfono** tar-*Rhé*-ta dé té-*lé*-fo-no *carte de téléphone*
tasa f *taxe, taux*
— **del aeropuerto** *ta*-sa dél a-é-ro-*pwér*-to *taxe d'aéroport*
— **de cambio** *ta*-sa dé *kamm*-byo *taux de change*
teatro m té-*a*-tro *théâtre*
tele f té-lé *TV*
teléfono m té-*lé*-fo-no *téléphone*
— **móbil** té-*lé*-fo-no mo-bil *portable*
— **público** té-*lé*-fo-no pou-bli-ko *téléphone public*
templado/a m/f tém-*pla*-do/a *tiède*
temprano tém-*pra*-no *tôt*
tenedor m té-né-*dor* *fourchette*
tentempié m tén-tém-*pyé* *en-cas*
tía f *ti*-ya *tante*
tienda f *tyén*-da *magasin*
— **deportiva** *tyén*-da dé-por-*ti*-ba *magasin de sport*
— **de recuerdos** *tyén*-da dé ré-*kwér*-dos *magasin de souvenirs*
— **de ropa** *tyén*-da dé *ro*-pa *magasin de vêtements*
tijeras f pl ti-*Rhé*-ras *ciseaux*
tipo m *ti*-po *taux*
toalla f to-*a*-lya *serviette*
tobillo m to-*bi*-lyo *cheville*
todo *to*-do *tout*
toro m *to*-ro *taureau*
torre f *to*-ré *tour*
tos f tos *toux*
tostada f tos-*ta*-da *toast*

tostadora f tos-ta-*do*-ra *grille-pain*
trabajo m tra-*ba*-Rho *travail*
traducir tra-dou-*Sir* *traduire*
tranquilo/a m/f trann-*ki*-lo/a *tranquille*
tranvía f tra-*kou*-na *tramway*
tren m trén *train*
turista m et f tou-*ris*-ta *touriste*

U

universidad f ou-ni-bér-si-*da* *université*
urgente our-*Rhén*-té *urgent*

V

vacaciones f pl ba-ka-*Syo*-nés *vacances*
vacío/a m/f ba-*Si*-yo/a *vide*
vacuna f ba-*kou*-na *vaccination*
validar ba-li-*dar* *valider*
vaso m *ba*-so *verre*
venir bé-*nir* *venir*
ventana f bén-*ta*-na *fenêtre*
ventilador m bén-ti-la-*dor* *ventilateur*
verano m bé-*ra*-no *été*
verdura f pl bér-*dou*-ra *légume*
vestido m bés-*ti*-do *robe*
vestuario m bés-*twa*-ryo *vestiaire*
• *garde-robe*
viejo/a m/f byé-*Rho*/a *vieux/vieille*
vino m *bi*-no *vin*
volver bol-*bér* *revenir*

Z

zapatería f Sa-pa-té-*ri*-ya *magasin de chaussures*
zapatos m pl Sa-*pa*-tos *chaussures*

INDEX

CATALOGUE LONELY PLANET EN FRANÇAIS

Guides de voyage

Afrique de l'Ouest
Afrique du Sud,
   Lesotho et Swaziland
Algérie
Andalousie
Argentine
Asie centrale
Australie
Bali et Lombok
Bolivie
Brésil
Budapest et la Hongrie
Bulgarie
Cambodge
Canaries
Chili et île de Pâques
Chine
Corée
Corse
Costa Rica
Crète
Croatie
Cuba
Écosse
Égypte
Équateur et
   les îles Galápagos
Espagne, Nord et Centre
Grèce continentale
Guadeloupe et Dominique
Guatemala
Îles grecques et Athènes
Inde du Nord
Inde du Sud
Iran
Irlande
Israël et les Territoires
   palestiniens
Italie
Japon
Jordanie
Kenya
Laos
Libye
Madagascar

Malaisie, Singapour
   et Brunei
Maldives
Maroc
Martinique, Dominique
   et Sainte-Lucie
Mexique
Myanmar (Birmanie)
Népal
Norvège
Nouvelle-Calédonie
Ouest américain
Pays Baltes ; Estonie,
   Lettonie, et Lituanie
Pérou
Portugal
Québec
République tchèque
   et Slovaquie
Réunion, Maurice et
   Rodrigues
Roumanie et Moldavie
Russie et Biélorussie
Sardaigne
Sénégal et Gambie
Seychelles
Sicile
Sri Lanka
Tahiti et la Polynésie
   française
Tanzanie
Thaïlande
Thaïlande, îles et plages
Toscane et Ombrie
Transsibérien
Tunisie
Turquie
Ukraine
Vietnam

Guides de villes

Barcelone
Berlin
Londres
Marrakech, Essaouira et
   Haut Atlas
Marseille et les calanques
Naples et la côte
   amalfitaine

New York
Rome
Venise

En quelques jours

Barcelone
Berlin
İstanbul
Londres
Madrid
Marrakech
New York
Paris
Prague
Tokyo

Guides de conversation

Allemand
Anglais
Arabe égyptien
Arabe marocain
Croate
Espagnol
Espagnol latino-américain
Grec
Hindi, ourdou et bengali
Italien
Japonais
Mandarin
Polonais
Portugais et brésilien
Russe
Thaï
Turc
Vietnamien

Petite conversation en

Allemand
Anglais
Espagnol
Italien

Petite conversation audio

Anglais
Espagnol
Italien